含蜜糖(がんみつとう)で味わい深く

個性派シュガーのお菓子

目次

つくる前に
・バターは食塩不使用です。
・小麦粉などの粉類はふるいます。あらかじめ合わせておくものは材料表で括っています。
・ゼラチンは冷水でもどしておきます。
・生クリームの乳脂肪分は材料欄の初出にのみ記しています。
・オーブンはデッキオーブン（平窯）、コンベクションオーブンの場合があります。あらかじめ予熱しておきます。焼成温度や時間は目安です。
・天板や型には必要に応じて紙やオーブンシートなどを敷いてください。
・打ち粉は必要に応じて適宜使ってください。
・ミキサーの撹拌時間や速度などは目安です。

編集　横山せつ子
撮影　海老原俊之
デザイン　筒井英子

含蜜糖（がんみつとう）は砂糖のファミリーです。

あまり耳慣れないかもしれませんが、

黒糖やブラウンシュガーといった

茶色い砂糖といえばイメージできるでしょうか。

この名前は砂糖の製造法による分類で、

ミネラルなどを豊富に含む糖蜜を

結晶と分離せずにつくる砂糖を「含蜜糖」と呼びます。

一方の白い砂糖は「分蜜糖」と呼ばれますが、原料糖を溶解して

ショ糖だけを精製した砂糖なので、栄養素は取りのぞかれ、

舌に感じる甘味も含蜜糖に比べて強くストレートです。

含蜜糖の魅力は、甘味がやさしく、素材の持ち味を引き立てること。

バターや生クリーム、卵、小麦粉などお菓子の材料に

寄り添い、丸みのある味わいにまとまります。

ミネラル分も豊富で、白い砂糖にはないうまみにあふれています。

本書では含蜜糖の「おいしい甘さ」を知ってもらうために

人気のパティシエ８人が自慢のスイーツレシピを紹介します。

含蜜糖のトップメーカー「大東製糖」の協力により、

特徴ある含蜜糖 ―― 加工黒糖、赤糖、ブラウンシュガー、

素焚糖、モラセスシュガー、黒蜜の魅力をたっぷりお伝えします。

本書で使用している含蜜糖（がんみつとう）

「含蜜糖」は精製糖では除去されてしまうミネラルや微量成分が残っているので、
味わいにコクがあります。本書では「加工黒糖」「加工黒糖パウダー」「素焚糖」「赤糖」
「ブラウンシュガー」「モラセスシュガー」「黒蜜」を使用しています。 砂糖の製造法や詳しい説明は→P84。

※含蜜糖はすべて大東製糖の製品を使用。

加工黒糖

さとうきび原料糖、黒糖と糖蜜をブレンドして煮詰めたものを、冷却撹拌しながら自然結晶をつくりだした砂糖。「黒糖」とは異なるもので、製品によるブレがなく、テイストはよりおだやかで雑味も少なく、お菓子づくりや料理に使いやすい。「加工黒砂糖」と表記される場合もある（黒糖と黒砂糖は同義）。

【お菓子づくりのイメージ】
呈味要素や後味が強く、主張の強い味わい。レーズンなどのポリフェノール感やリキュールとの相性がいい。

加工黒糖パウダー

「加工黒糖」を乾燥して粉砕し、溶けやすい粉末状にしたもの。

【お菓子づくりのイメージ】
水分が少ない生地やメレンゲなど、加工黒糖では溶けにくく扱いにくい場合に便利。

素焚糖（すだきとう）

奄美諸島産のさとうきび原料糖だけを使用し、さとうきびの風味を残した砂糖。やさしい甘さが特徴で、ふつうの砂糖と同様に使うことができる。淡い琥珀色。

【お菓子づくりのイメージ】
バランスのよい味わいなため、オールマイティに使える。ナッツ、きな粉などのコクや渋みとの相性がいい。

※素焚糖は大東製糖株式会社の登録商標です。

赤糖

煮詰めた原料糖と糖蜜を冷却撹拌しながら自然結晶をつくりだす、昔ながらの製法。精製糖の製造工程では取りのぞかれてしまうミネラルなどを含んで結晶化されるため、独特の甘味とコクがある。黒糖、加工黒糖に比べ、えぐみや苦味といった後味が抑えられている。

【お菓子づくりのイメージ】
小豆などのポリフェノール感、乳製品のミルク感との相性がいい。和洋のお菓子に使うことができる。

ブラウンシュガー

さとうきび原料の風味と味わいを残した淡い琥珀色の砂糖。結晶が細かく粉末状で、固まりにくいため使い勝手がいい。なお一般的に「ブラウンシュガー」は茶色い砂糖の総称なので、市場にはさまざまなブラウンシュガー製品がある。

【お菓子づくりのイメージ】
含蜜糖の中ではあっさりした味わいなので、オールマイティに使える。

モラセスシュガー

砂糖を焦がすことによって生まれる、独特の苦味とキレのある甘さを生かした砂糖。クレーム・ブリュレのキャラメリゼのように、焦がした苦味をともなった甘味。独特の酸味や渋味もある。濃褐色。

【お菓子づくりのイメージ】
欧米ではクッキーやマフィンなどによく使われている。色、味わいともに強いので用途は限られるが、他にはないフレーバーをだすことができる。

黒蜜

黒糖や加工黒糖を煮詰めた蜜。本書では加工黒糖に沖縄黒糖10%を加えて煮詰めた、強い甘味と濃い色合いの黒蜜を使用。Brix約76%。

【お菓子づくりのイメージ】
黒糖フレーバーのエッセンスとして、また転化糖のかわりにも使える。

含蜜糖はミネラル豊富

含蜜糖はミネラルが豊富なのが特徴。茶色い砂糖として知られている三温糖と比較してみると、カルシウムやマグネシウム、その他のミネラルがいかに多く含まれているかがわかる。

※三温糖は茶色い色合いだが精製糖なので、実際にミネラルなどが多く含まれているわけではない。

(100g当たり)	エネルギー (Kcal)	タンパク質 (g)	脂質 (g)	炭水化物 (mg)	ナトリウム (mg)	カリウム (mg)	カルシウム (mg)	マグネシウム (mg)	リン (mg)	鉄 (mg)	亜鉛 (mg)	銅 (mg)	マンガン (mg)	クロム (mg)	セレン (mg)	ヨウ素 (mg)
加工黒糖	385	0.6	0.1	95.6	122	464	77.6	33.8	8.2	1.73	0.15	0.07	0.33	0	0	0
素焚糖	383	0.3	0.1	97.9	77.1	212	39.8	14.8	4.7	0.48	0.06	0.02	0.15	0	0	0
赤糖	387	0.3	0.1	96.4	98.8	276	63.6	36.2	4.4	1.09	0.07	0.06	0.25	0	0	0
三温糖	382	Tr	0	98.7	7	13	6	2	Tr	0.1	Tr	0.07	Tr	0	0	0

加工黒糖、素焚糖、赤糖は大東製糖調べ。三温糖は日本食品標準成分表2015年版(七訂)より
Tr：最小記載量に満たない微量

味はどれくらい違うの？

※味覚センサー（味香り戦略研究所）で分析。大東製糖作成。

含蜜糖の味の特徴を一目でわかる味覚チャートでご紹介。口に入れた時に感じる「先味」と、余韻として感じる「後味」に分け、9つの味の項目に分けている。グラニュー糖との味の違いが明らか。

加工黒糖

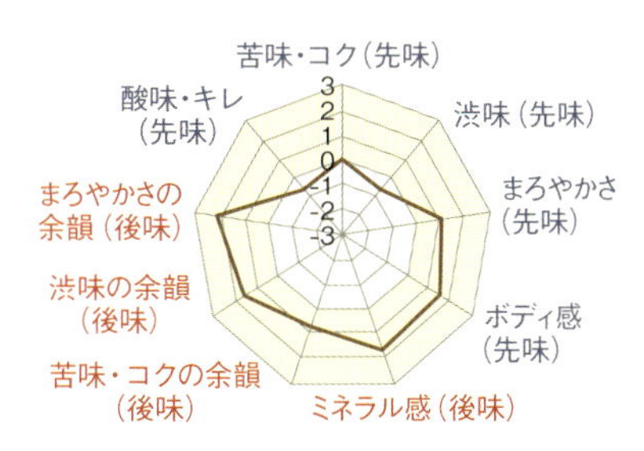

呈味要素がもっとも多く、まろやかさやミネラル感があり、さまざまな要素の後味の余韻が長く厚みがある。コクがある味わい。

素焚糖

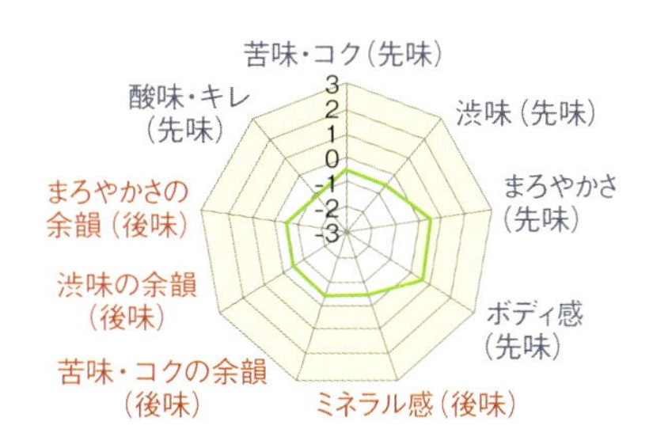

まろやかさやボディ感がやや強く、すっきりとした後味。先味と後味のバランスがよく、突出した味がなく調和がとれている。

赤糖

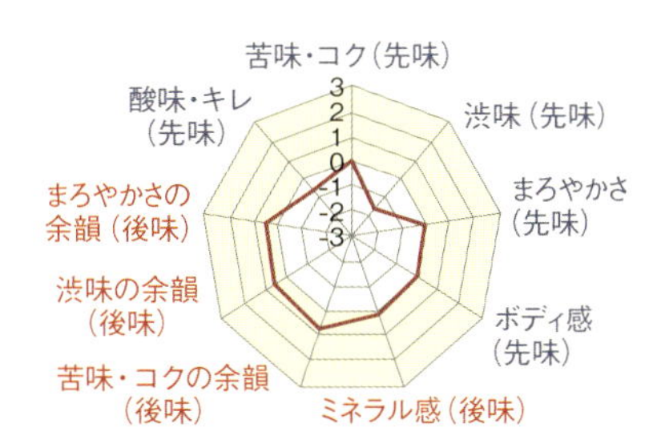

渋味が少なく、まろやかさやコクが先立つ。余韻も長いが、加工黒糖ほどではない。

グラニュー糖

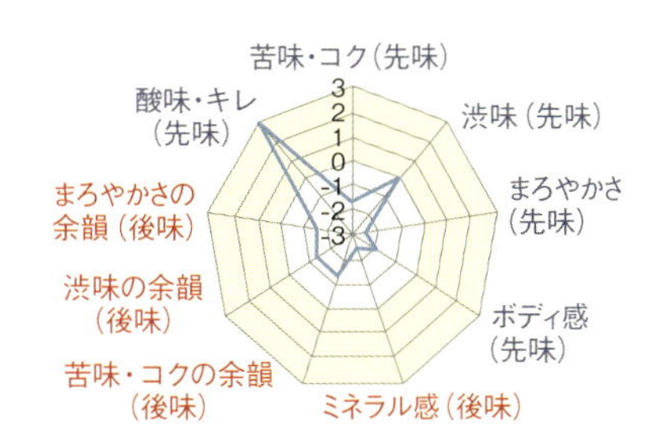

キレがあり、スッキリとした強い甘さ。ショ糖99％なので味の要素はきわめて少ない。

先　味	後　味
【酸味・キレ】 低い濃度の酸味由来のキレ 【苦味・コク】 低い濃度の苦味由来の苦味、深み、奥行き、厚み、コク、複雑味。低い濃度ではコク、雑味、隠し味になる（例：豆腐、日本酒） 【渋味】 ポリフェノール由来の渋味、複雑味。低い濃度では刺激味、隠し味（例：果物） 【まろやかさ】 うまみ、まろやかさ。アミノ酸、核酸由来のだしの味（例：スープ、麺つゆ、肉） 【ボディ感】 塩味、ボディ感。無機塩（食塩）由来の味（例：醤油、スープ、麺つゆ）	【ミネラル感】 カルシウム、マグネシウム由来のミネラル感。カルシウム、マグネシウムなどのような無機イオン由来の苦味（例：ミネラルウォーター、牛乳） 【苦味・コクの余韻】 低い濃度の苦味由来の苦味、深み、奥行き、厚み、コク、複雑味の余韻。一般食品に感じる苦味（例：ビール、コーヒー） 【渋味の余韻】 ポリフェノール由来の渋味、複雑味の余韻。カテキン、タンニンなどが呈する味（例：ワイン、お茶） 【まろやかさの余韻】 うまみ、まろやかさの余韻。持続性のある旨味（例：スープ、麺つゆ、肉）

含蜜糖を使うベーシックレシピ

はじめて含蜜糖を使う時に参考になる、基本的なお菓子のレシピです。

Recipe：指籏 誠［ノイン・シュプラーデン］

白い砂糖でなく、含蜜糖を使うわけ

【栄養の面で】
- ミネラル豊富な砂糖であるアピール力は絶大。

【味の面で】
- 含蜜糖の甘味にはコクや深みがある。白い砂糖に比べて甘味の立ち方がやさしく、丸みがある。
- 含蜜糖の甘味は白い砂糖に比べて約8割と総じておだやか。そのため同程度の甘味がほしい場合には、配合量を多めにする必要がある。
- バナナやトロピカルフルーツ、柑橘類などのフルーツ、ラム酒（含蜜糖と同じさとうきびが原料）、ナッツ類、カカオ（チョコレート）とはとくに相性がいい。

【色の面で】
- 含蜜糖を配合すると、生地やクリームの色は全般的にほんのりとベージュ色を帯びる。この色合いもナチュラル感を演出する。

【レシピの面で】
- 加工黒糖は芯が溶けにくい場合がある。混ぜるだけでは溶けないので、水分のある材料と合わせて人肌程度まで温め、しばらくおいてから混ぜて溶かすといい。クッキー生地など水分が少ない配合の場合には、粉末状に加工した加工黒糖パウダーを使うといい。
- 含蜜糖は白い砂糖に比べて保水性が高い。そのため、しっとり感が長持ちし、プリンなどでたんぱく質をやわらかくする。

黒糖と加工黒糖の違い　パティスリーでは加工黒糖がおすすめです

▶本書でおもに使用している砂糖は「加工黒糖」です。2013年3月に改正された「食品表示に関するQ＆A」（JAS法の解釈通知）では、まず「黒糖」と「黒砂糖」の名称は同義であることが明確になりました。黒糖の定義は「さとうきびの搾り汁に中和、沈殿などによる不純物の除去を行ない、煮沸による濃縮の後、糖蜜分の分離などの加工をせずに冷却して製造した砂糖」。一方で従来、黒砂糖とも称されてきた原料糖、糖蜜、黒糖を原料にした砂糖を「加工黒糖」と称するようになりました。この加工には、味を均一にし品質を安定させる大きな意味があります。 黒糖は優れた自然の甘味ですが、一方で毎年の天候やさとうきびの品質によって味にブレがでます。また黒糖の主産地は沖縄県ですが、製法上やむをえず夾雑物を含む場合があり、製造者や業界団体は食品安全の観点から、使用者にろ過や加熱処理をするよう注意喚起しています。そのためパティスリーでは安定したおいしさを生みだし、食品事故を起こさないためにも「加工黒糖」を使用することをおすすめします。
▶加工黒糖を使用した商品は、加工黒糖の製造段階で黒糖が含まれているため、一括表示の原材料欄に記載すれば、商品名に黒糖を含む用語を使うことができます（例：黒糖クッキーなど）。また「黒糖使用」や「黒糖入り」と表示することもできます。

素焚糖

素焚糖の純生ロール

人気のアイテム、ロールケーキの生地とクリームに素焚糖を配合。ほんのりとベージュ色を帯びたやさしい色合いと、含蜜糖ならではのコクがあり、丸みのある味わいになります。ナチュラルな風合いを生かすため、デコレーションなしのシンプルな仕立てで。

素焚糖ロール生地

1 ミキサーボウル（ホイッパー装着）に全卵、素焚糖、グラニュー糖を入れ、湯煎もしくは直火にあてて泡立て器で混ぜながら人肌まで温める。これをリボン状になるまで泡立てる。

2 粉類を加えてゴムベラで混ぜる（a）。

3 牛乳と溶かしバターを混ぜ合わせ、2に加えて混ぜる（b）。

4 6取天板（53㎝×39㎝）に流してならす（c）。200℃のオーブンで13～15分焼く（d）。

素焚糖のクレーム・シャンティイ

5 生クリームと素焚糖を8分立てに泡立てる。

仕上げ

6 4のロール生地の焼き面を下にして5のクレーム・シャンティイをぬり広げ、ロール状に巻く。両端を切り落とし、3等分にカットする。

●材料　15㎝長さ3本分

素焚糖ロール生地

全卵	380g
素焚糖	100g
グラニュー糖	50g
薄力粉	140g
コーンスターチ	20g
牛乳	50g
溶かしバター	15g

素焚糖のクレーム・シャンティイ

生クリーム	400g
素焚糖	24g

point

ロール生地には素焚糖が入る。グラニュー糖に比べると若干溶けにくいが、湯煎で人肌に温めるときれいに溶ける。

素焚糖 加工黒糖 黒蜜

素焚糖フィナンシェ

素焚糖と加工黒糖でつくるコクのあるフィナンシェ。黒蜜は転化糖のかわりになり、生地をしっとりと保湿します。

1 ボウルに卵白、素焚糖、加工黒糖を入れ、湯煎もしくは直火にあてて泡立て器で混ぜながら40℃くらいに温める。このまま30分ほどおいて冷ます。
2 バターを火にかけ、うっすらと焦げ色がつく程度まで加熱する。鍋底を水につけて加熱を止める。
3 **1**に粉類を加えて混ぜ、**2**の焦がしバターも漉しながら加えて混ぜる。黒蜜、バニラエッセンスを加える。常温で1時間休ませる。
4 フィナンシェ型に25gずつ絞り入れ、テキーラプルーンを1切れずつのせる(a)。
5 200℃のオーブンで約20分焼く。

a

●材料 長径7cm×短径4.5cm×高さ2cmフィナンシェ型25個分

卵白 …… 145g
素焚糖 …… 80g
加工黒糖 …… 80g
バター …… 150g
┌ アーモンドパウダー …… 80g
│ 薄力粉 …… 80g
│ コーンスターチ …… 10g
└ ベーキングパウダー …… 1g
黒蜜 …… 20g
バニラエッセンス …… 適量
テキーラプルーン(→右記) …… 25切れ

point
加工黒糖は芯のほうが溶けにくい場合があるので、人肌強まで温め、30分ほどおいて水分を吸わせて溶けやすくしてから混ぜるといい。

テキーラプルーン

●材料
プルーン…200g
テキーラ…50g
素焚糖…50g

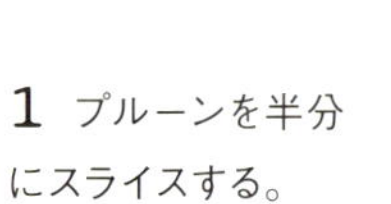

1 プルーンを半分にスライスする。
2 ボウルにテキーラと素焚糖を入れてひと煮立ちさせる。ここに**1**を入れて1日以上漬ける。
*密閉容器で約2ヵ月保存できる。漬け込んだシロップもパウンドの焼成後にぬるなどして利用できる。

素焚糖　加工黒糖パウダー　加工黒糖

レーズンパウンド

生地に入れた素焚糖と、黒糖風味のラムレーズンのおいしさが相まってパウンドケーキの味わいが倍増。黒糖ラムレーズンはコクがあり、生地に混ぜ込んで焼成しても風味がしっかりと残ります。

パウンド生地

1 バターを泡立て器で混ぜてポマード状にし、素焚糖を加えて混ぜる。
2 全卵を数回に分けて加えて混ぜ、生クリームも加える。
3 粉類を加えてゴムベラで混ぜ、黒糖ラムレーズン、ラム酒を加える。
4 パウンド型に入れ、180℃のオーブンで約45分焼く。

黒糖アイシング

5 材料すべてを湯煎にかけながら混ぜる。

仕上げ

6 4の焼き面を下にし、アプリコットジャムを加熱してぬり、ラムレーズンを飾る。紙でつくったコルネで5を絞る。

● 材料　上口18㎝×8㎝×高さ7㎝パウンド型２本分

パウンド生地

バター	160g
素焚糖	200g
全卵	160g
生クリーム	16g
薄力粉	150g
強力粉	20g
黒糖ラムレーズン（→左記）	100g
ラム酒（ダーク）	10g

黒糖アイシング

粉糖	50g
加工黒糖パウダー	5g
ラム酒（ダーク）	10g

仕上げ

アプリコットジャム	適量
黒糖ラムレーズン（→左記）	約20粒

黒糖ラムレーズン

● 材料
白ワイン…500g
加工黒糖…500g
レーズン…1kg
ラム酒（ダーク）…70g

1 ボウルに白ワインと加工黒糖を入れて泡立て器で混ぜる。このまま5分ほどおく。
2 レーズンをさっと湯通ししてお湯を切る。
3 1を火にかけ、沸いたら火をとめて2のレーズンとラム酒を加える。
4 香りが抜けないようにラップを密着させ、さらにボウルにもラップをし、竹串で数ヵ所穴をあけて水蒸気がたまらないようにする。常温で1日以上漬ける。
＊密閉容器で約2ヵ月保存できる。漬け込んだシロップもパウンドの焼成後にぬるなどして利用できる。

加工黒糖パウダー　加工黒糖

point
クッキー生地は水分が少なく加工黒糖では溶けにくいため、粉末状の加工黒糖パウダーを使用している。

パレ・レザン

加工黒糖の味わい豊かな絞りクッキー。ラムレーズンとの相性がいい。

●材料　約55枚分

バター …………………………… 50g
（もしくはバター25g、植物性オイル25g）
加工黒糖パウダー ………………… 25g
粉糖 …………………………… 25g
全卵 …………………………… 50g
┌ アーモンドパウダー …………… 50g
│ 薄力粉…………………………… 30g
└ 中力粉…………………………… 30g
黒糖ラムレーズン（→P11）… 2粒/1枚

下準備
●黒糖ラムレーズンの汁気を切る。

1 バターを泡立て器で混ぜてポマード状にし、加工黒糖パウダーと粉糖を加えて軽めに立てる。
2 全卵を2回に分けて加えて混ぜ、粉類を加えてゴムベラで混ぜる。
3 天板に口径10㎜の丸口金で直径2㎝に絞り、黒糖ラムレーズンを2粒ずつのせる。180℃のオーブンで約12分焼く。

加工黒糖パウダー

クロッカン・ココ

ココナッツの香ばしい香りと加工黒糖の濃い甘味がよく合います。

●材料　約50個分

全卵 …………………………… 80g
加工黒糖パウダー ………………… 50g
粉糖 …………………………… 50g
ココナッツファイン ……………… 110g
溶かしバター …………………… 50g

1 全卵、加工黒糖パウダー、粉糖、ココナッツファインを混ぜ合わせる。30分休ませる。
2 溶かしバターを加えて混ぜ、10分休ませる。
3 天板に口径10㎜の丸口金で直径1.5㎝に絞る。170℃のオーブンで約20分焼く。

素焚糖　加工黒糖パウダー

ダックワーズ・カフェ

素焚糖と溶けやすい加工黒糖パウダーでつくったメレンゲ生地をダックワーズに。カフェ風味のクレーム・オ・ブールも素焚糖でリッチな味わいにします。

ダックワーズ生地

1 ミキサーボウル（ホイッパー装着）に卵白と乾燥卵白、素焚糖を分量から少量入れて10分おき、高速で泡立てる。ピンと角が立つようになったら、残りの素焚糖を一度に加えて混ぜる。

2 粉類を加えてゴムベラで混ぜる。

3 口径14㎜の丸口金で長さ9㎝に56本絞る。丸く絞ったり、ダックワーズ用のぬき型に絞り入れたりしてもいい。

4 Aを茶こしでふり、少し溶けたらもう一度ふる。ほぼ溶けたら200℃のオーブンで12〜13分焼く。

カフェのクレーム・オ・ブール

5 ミキサーボウル（ホイッパー装着）に全卵と素焚糖、粉末コーヒーを入れ、ボウルを湯煎にあてて50℃くらいまで温めてからしっかり泡立てる。

6 ポマード状にしたバターを加えてさらに立て、プラリネペーストを加える。

仕上げ

7 ダックワーズ生地にカフェのクレーム・オ・ブールを絞ってサンドする。

point
焼成前にふる粉糖に加工黒糖パウダーを混ぜると、味わいが増す。

●材料　28個分

ダックワーズ生地

	卵白	120g
	乾燥卵白	1g
	素焚糖	80g
	アーモンドパウダー	80g
	薄力粉	10g
	加工黒糖パウダー	20g
	粉糖	20g
A	粉糖	70g
A	加工黒糖パウダー	50g

カフェのクレーム・オ・ブール

全卵	60g
素焚糖	50g
粉末コーヒー	10g
バター	200g
プラリネペースト	20g

下準備

●Aの粉糖と加工黒糖パウダーをビニール袋に入れ、袋の上から麺棒を転がして粒をつぶして混ぜ合わせる。

黒 蜜　加工黒糖パウダー

焼きドーナツ

生地にはエッセンスとして黒蜜を入れ、焼成後にまぶす砂糖にも加工黒糖パウダーを配合して風味豊かにしました。

1 ボウルに全卵、グラニュー糖、塩を入れ、湯煎もしくは直火で人肌くらいまで温めてから、6～7分立てに泡立てる。
2 粉類を加えてゴムベラで混ぜる。
3 溶かしバター、植物性オイル、牛乳、黒蜜を合わせて乳化させ、これを2に加えて混ぜる。
4 焼きドーナツ型に絞り入れ、170℃のオーブンで約20分焼く。
5 ビニール袋にグラニュー糖と加工黒糖パウダーを入れ、袋の上から麺棒を転がしてダマをつぶしながら混ぜ合わせる（a）。
6 4に5をまぶす。

●材料　直径8.5㎝×高さ3㎝
焼きドーナツ型12個分

全卵	180g
グラニュー糖	120g
塩	1g
薄力粉	150g
強力粉	15g
アーモンドパウダー	50g
溶かしバター	80g
植物性オイル	40g
牛乳	20g
黒蜜	70g
グラニュー糖5：加工黒糖パウダー1	

a

焼きドーナツを「和風デコレドーナツ」にアレンジ

焼きドーナツの中央にわらび餅3切れを入れ、全体にきな粉をふり、黒蜜をスポイトに入れてドーナツにさす。

第1章

パティスリー 8店の含蜜糖レシピ

ミネラルが豊富で、コクのある味わいの含蜜糖。
バリエーションに富んだ含蜜糖を使ったスイーツのレシピを
8人のパティシエが紹介します。

横田秀夫 [菓子工房オークウッド]

中野慎太郎 [シンフラ]

荒木浩一郎 [スイーツワンダーランド アラキ]

西園誠一郎 [Seiichiro, NISHIZONO]

指籏 誠 [ノイン・シュプラーデン]

井上佳哉 [ピュイサンス]

菅又亮輔 [Ryoura]

菊地賢一 [レザネフォール]

店名五十音順

定番からオリジナルまで、含蜜糖のプティガトー

Recipe：菅又亮輔 [Ryoura]

●材料　10個分

パータ・シュー
つくりやすい量

牛乳……150g
水……150g
バター……150g
グラニュー糖……9g
塩……5g
薄力粉……180g
全卵……390g
全卵（ぬり用）……適量
ヘーゼルナッツ……適量

クレーム・パティシエール
つくりやすい量（約1550g）

卵黄……240g
素焚糖……235g
コーンスターチ……23g
プードル・ア・クレーム……46g
牛乳……750g
生クリーム（乳脂肪分47%）……250g

クレーム・シャンティイ
つくりやすい量（約465g）

生クリーム……400g
赤糖……65g

クレーム・ディプロマット

クレーム・パティシエール……240g
（→上記）
クレーム・シャンティイ……60g
（→上記）
黒蜜……6g

黒蜜シャンティイ

クレーム・シャンティイ……210g
（→上記）
黒蜜……42g

仕上げ

ヌガー……適量
粉糖……適量

パータ・シュー

1 牛乳と水、バター、グラニュー糖、塩を沸騰させ、火をとめて薄力粉を加えて混ぜる。ふたたび中火にかけ、鍋底に薄い膜が張るようになるまで練り混ぜる。
2 ミキサーボウル（ビーター装着）に移し、全卵を少しずつ加えながら混ぜる。
3 口径12mmの丸口金をつけた絞り袋に入れ、天板に直径5cmに絞る。溶いた全卵をぬり、ヘーゼルナッツをくだいてちらす。
4 180℃のオーブンで約30分焼く。

クレーム・パティシエール

5 卵黄と素焚糖をすり混ぜ（a）、コーンスターチ、プードル・ア・クレームも加える。
6 牛乳と生クリームを沸騰させ、5に加える。鍋に漉してもどして火にかける。泡立て器で混ぜながら中央が沸くまで炊いたら、鍋底を氷水にあてて混ぜながら急冷する（b）。

クレーム・シャンティイ

7 生クリームと赤糖を泡立てる。

クレーム・ディプロマット

8 クレーム・パティシエールとクレーム・シャンティイを混ぜ合わせ、黒蜜も加えて混ぜる（c）。

黒蜜シャンティイ

9 クレーム・シャンティイに黒蜜を加えて混ぜる。

仕上げ

10 4のシューを上部⅓でカットする。
11 下部に8のクレーム・ディプロマットを丸口金で30g絞り入れ、きざんだヌガーを入れ、黒蜜シャンティイを星口金で25gこんもりと絞る（d）。シューの上部をかぶせ、粉糖をふる。

a

b

c

d

素焚糖 赤糖 黒蜜

黒蜜シュー

素焚糖でクレーム・パティシエール、赤糖でクレーム・シャンティイをそれぞれつくり、これらを合わせてクレーム・ディプロマットとしてシューに絞りました。素焚糖のクレーム・パティシエール、赤糖のクレーム・シャンティイは甘さに丸みがあり、汎用性も高くさまざまなお菓子に使えます。仕上げに絞る黒蜜シャンティイは黒蜜の風味がエッセンスとしてきいています。

加工黒糖　黒蜜

黒蜜のアロマのエクレア

シュー生地、中に入れる黒糖クリームともに加工黒糖を入れ、味のトーンを増幅。黒糖クリームは最後に加える黒蜜がエッセンスがわりでいい風味が立ちます。

●材料　30個分

パータ・シュー

牛乳	110g
水	110g
バター	100g
加工黒糖	20g
塩	5g
薄力粉	120g
全卵	190g目安

黒糖クリーム

	卵黄	72g
	加工黒糖	120g
	プードル・ア・クレーム	30g
	牛乳	240g
	生クリーム（乳脂肪分38％）	180g
	バニラビーンズ	少量
	バター	70g
	バニラオイル	6g
A	生クリーム	100g
A	加工黒糖	15g
A	黒蜜	少量

仕上げ

グラニュー糖	100g
水アメ	30g
パールパウダー（金）	

パータ・シュー

1 鍋に牛乳と水、バター、加工黒糖、塩を入れて火にかけ、泡立て器で混ぜながら沸かして溶かす。

2 沸騰したら火をとめ、薄力粉を一度に加えて手早く混ぜる。ふたたび火にかけ、鍋底に薄く膜が張るまで練り混ぜる。

3 すぐにミキサーボウル（ビーター装着）に移し、全卵を3回に分けて加えて混ぜる。卵の量は生地をすくうと三角形にたれる硬さを目安に加減する。

4 口径10㎜の丸口金をつけた絞り袋に入れ、天板に長さ10㎝に絞りだす。フォークで上面を筋状に軽く押さえる。

5 上・下火180℃のオーブンで20分焼き、上火を190℃にしてさらに約5分焼く。

黒糖クリーム

6 卵黄と加工黒糖、プードル・ア・クレームをすり混ぜる。

7 鍋に牛乳と生クリーム、バニラビーンズを入れて沸かす。これを6に加えて混ぜ、漉して鍋にもどして火にかけ、コシが切れるまで炊いてクレーム・パティシエールをつくる。火をとめ、バターとバニラオイルを加える。ラップを密着させてかけて急冷する。

8 Aの生クリームと加工黒糖を泡立て、黒蜜を加える。

9 7と8を混ぜ合わせる。

仕上げ

10 5の上面に少し切り目を入れ、9の黒糖クリームを絞り入れる。

11 グラニュー糖と水アメを160℃まで加熱してキャラメルをつくる。

12 10の上面を11のキャラメルにつけ、その面を下にしてシリコンマットの上に置いて固める。パールパウダーをふる。

Recipe：菊地賢一［レザネフォール］

ブラウンシュガー　黒蜜　素焚糖

セサミ
ブランマンジェと
黒蜜ジュレ

ゴマと含蜜糖は相性がよく、互いの奥深い味わいがさらに増します。白練りゴマのセサミブランマンジェにはブラウンシュガーを、仕上げに流すジュレには黒蜜と素焚糖を使いました。

セサミブランマンジェ

1 牛乳と生クリーム、ブラウンシュガーを沸騰させる（a）。
2 白練りゴマに1をレードル1杯分ほど加え、少しずつ乳化させてのばしてから、1に加えて混ぜる。
3 ゼラチンを加えて溶かし、漉す。
4 カップに流し入れて冷やし固める。

黒蜜ジュレ

5 鍋に黒蜜と水を入れて泡立て器で混ぜてから火にかける（b）。
6 素焚糖とゲル化剤を混ぜ合わせておき、5が83℃以上になったら加えて溶かす（c）。氷水にあてて冷やす。

仕上げ

7 4に栗の渋皮煮、タピオカをのせ、6の黒蜜ジュレを流し、黒蜜をかける。金箔を飾る。

a

b

c

●材料　160ml容量カップ8個分

セサミブランマンジェ

牛乳	500g
生クリーム（乳脂肪分38%）	180g
ブラウンシュガー	90g
白練りゴマ	120g
板ゼラチン	8g

黒蜜ジュレ

黒蜜	100g
水	250g
素焚糖	30g
ゲル化剤（イナアガーL）	4g

仕上げ

栗の渋皮煮	1個/カップ1個
タピオカ	5g
黒蜜	適量
金箔	

下準備

● タピオカをもどす。

● 材料　13個分

クレーム・シャンティイ・カフェ
つくりやすい量

生クリームA（乳脂肪分35%）……110g
水アメ …… 24g
コーヒー豆（ミルで挽く）……6g
板ゼラチン ……1.2g
ホワイトチョコレート …… 165g
生クリームB …… 260g

ビスキュイ
60cm×40cm天板1枚分

全卵 …… 383g
卵黄 …… 42g
加工黒糖 …… 180g
ブラウンシュガー …… 60g
薄力粉 …… 192g
黒蜜 …… 21g
溶かしバター …… 64g

クレーム・オ・ブール
つくりやすい量（約690g）

卵黄 …… 59g
赤糖 …… 75g
牛乳 …… 75g
バター …… 313g
イタリアンメレンゲ
　卵白 …… 85g
　グラニュー糖A …… 15g
　グラニュー糖B …… 105g
　水 …… 30g

クレーム・ムースリーヌ

クレーム・オ・ブール（上記）…… 345g
クレーム・パティシエール …… 328g
（→P16）
黒蜜 ……8g

シロップ

ボーメ30°シロップ …… 90g
黒蜜 ……8g
水……8g
ラム酒（ダーク）……2g

仕上げ

ビスキュイ …… 適量
（端生地を粉砕して乾燥する）
チョコレートの飾り

クレーム・シャンティイ・カフェ

1 生クリームAと水アメ、コーヒー豆を合わせて沸騰させる。ゼラチンを加えて溶かし、湯煎で溶かしたホワイトチョコレートに加えて混ぜる。
2 生クリームBを加えて混ぜる。冷蔵庫で1日休ませる。

ビスキュイ

3 全卵と卵黄、加工黒糖、ブラウンシュガーを混ぜながら、40℃くらいまで温める(a)。これを漉してミキサーボウル（ホイッパー装着）に移し、リボン状になるまで泡立てる。
4 ボウルに移し、薄力粉を少しずつ加えてゴムベラで混ぜ、黒蜜、溶かしバターを順に加えて混ぜる。
5 60cm×40cm天板に入れて(b)ならす。185℃のオーブンで10～12分焼く。37cm×12cmに2枚カットする。

クレーム・オ・ブール

6 卵黄と赤糖をすり混ぜ、沸騰させた牛乳を加える。鍋にもどし、ソース・アングレーズを炊く。
7 ミキサーボウル（ホイッパー装着）に漉して移し、高速で撹拌して冷ます。40℃くらいになったら、室温に柔らかくもどしたバターを少しずつ加えて混ぜる。ボウルに移す。
8 卵白とグラニュー糖Aを泡立てる。グラニュー糖Bと水を186℃まで加熱し、このシロップを少しずつ加え、熱がとれるまで泡立ててイタリアンメレンゲをつくる。これを半量取り分けて使う。
9 7に8を2回に分けて加えて混ぜる。

クレーム・ムースリーヌ

10 ミキサーボウル（ホイッパー装着）にクレーム・オ・ブールとクレーム・パティシエール、黒蜜を入れ(c)、中速で立てる。

シロップ

11 材料を混ぜる。

組み立て

12 5のビスキュイ1枚の下面に11のシロップを50g打つ。10のクレーム・ムースリーヌを440g絞ってならす。
13 ビスキュイの下面を上にして重ね、シロップを50g打つ。
14 さらにクレーム・ムースリーヌを230g絞ってならす。ショックフリーザーで冷やし固める。10.5cm×2.8cmにカットする。
15 2のクレーム・シャンティイ・カフェを泡立てる。14に星口金で絞る。
16 チョコレートを飾り、ビスキュイをふる。

a

b

c

加工黒糖　ブラウンシュガー　黒蜜　赤糖

モカ

コーヒーと含蜜糖の相性のよさを生かした一品。黒蜜をきかせたクレーム・ムースリーヌはとてもやさしい味わい。クレーム・オ・ブール、クレーム・パティシエールともに赤糖や素焚糖を使うのでバターに寄り添い、角のない丸みのある味わいに仕上がります。

素焚糖

素焚糖と和栗のエクレア仕立て

チョコレートクリーム、クレーム・パティシエール、クレーム・シャンティイに素焚糖を使い、とても相性のいい和栗と組み合わせてエクレアに仕立てました。

●材料　16個分

パータ・シュー
- 牛乳 …… 75g
- 水 …… 75g
- バター …… 90g
- グラニュー糖 …… 3g
- 塩 …… 3g
- 薄力粉 …… 90g
- 全卵 …… 120g

チョコレートクリーム
- 卵黄 …… 60g
- 素焚糖 …… 35g
- 生クリーム(乳脂肪分42%) …… 187g
- 牛乳 …… 187g
- 板ゼラチン …… 3.5g
- ブロンドチョコレート(カカオ分35%) …… 200g
- ラム酒(ダーク) …… 7g

素焚糖のクレーム・パティシエール
- 卵黄 …… 3個分
- 素焚糖 …… 62g
- 薄力粉 …… 11g
- プードル・ア・クレーム …… 11g
- 脱脂粉乳 …… 7g
- 牛乳 …… 200g
- 生クリーム …… 50g

素焚糖のクレーム・シャンティイ
- 生クリーム …… 150g
- 素焚糖 …… 15g

フィヤンティーヌ
- ミルクチョコレート …… 16g
- バター …… 7g
- プラリネノワゼット …… 88g
- フイヤンティーヌ …… 36g

素焚糖のブリュレ
- 卵黄 …… 3個分
- 素焚糖 …… 40g
- 生クリームA …… 125g
- バニラビーンズ …… ¼本
- 生クリームB …… 125g
- 板ゼラチン …… 3.5g

和栗クリーム
- 和栗ペースト …… 400g
- 牛乳 …… 80g

仕上げ
- 和栗の渋皮煮 …… 16個

パータ・シュー

1 鍋に牛乳と水、バター、グラニュー糖、塩を入れて弱火にかけ、バターが溶けたら強火にして完全に沸騰させる。火をとめ、すぐに薄力粉を加えて手早く混ぜる。ひとかたまりになったらふたたび火にかけ、鍋底に薄い膜が張るまで中火で火を入れる。
2 ボウルに移し、全卵を少しずつ加えて混ぜる。
3 口径16㎜17切の星口金をつけた絞り袋に入れ、天板に長さ11.5㎝に絞る。霧吹きをし、200℃のオーブンで40～50分焼く。

チョコレートクリーム

4 卵黄と素焚糖をすり混ぜ、沸騰させた生クリームと牛乳を加える。鍋にもどし、ソース・アングレーズを炊く。ゼラチンを加えて溶かし、漉す。
5 ブロンドチョコレートを湯煎で溶かし、4を加えて混ぜる。ラム酒を加える。冷やし固める（a）。

素焚糖のクレーム・パティシエール

6 卵黄と素焚糖をすり混ぜ、薄力粉、プードル・ア・クレーム、脱脂粉乳も加える。沸騰させた牛乳と生クリームを加え、漉して鍋にもどしてクレーム・パティシエールを炊く。バットなどに広げ、ラップを密着させて冷凍庫で急冷する（b）。

素焚糖のクレーム・シャンティイ

7 生クリームと素焚糖を泡立てる。

フィヤンティーヌ

8 ミルクチョコレートとバターを合わせて湯煎にかけて溶かし、プラリネノワゼット、フィヤンティーヌを順に加えて混ぜる。
9 厚さ8㎜、幅8㎝にのばし、冷やし固める。1㎝幅にカットする。

素焚糖のブリュレ

10 卵黄と素焚糖をすり混ぜ、沸騰させた生クリームAとバニラビーンズを加える。漉して鍋にもどし、ソース・アングレーズを炊く。冷やし、生クリームBを加える。
11 バットに流し、150℃のオーブンで50～60分湯煎焼きする。冷蔵庫で冷やす。
12 素焚糖（分量外）を11の表面にふり、バーナーでキャラメリゼする。
13 12をフードプロセッサーにかけてペースト状にする。
14 鍋に移して火にかけて温め、ゼラチンを加えて溶かす。
15 バットに厚さ2㎝に流し、冷凍庫で凍結させる。2㎝角のキューブ状にカットする（c）。

和栗クリーム

16 和栗ペーストを牛乳でのばす。

仕上げ

17 3のエクレアの上部1㎝をカットする。上部を直径2.5㎝丸型で3枚ずつぬく。下部とともに190℃のオーブンでカリカリになるまで4分焼く。
18 下部に9のフィヤンティーヌを入れ、16の和栗のクリームを絞り入れて生地の縁ですり切る（d）。5のチョコレートクリームを星口金で、6の素焚糖のクレーム・パティシエール、7の素焚糖のクレーム・シャンティイを丸口金でそれぞれ絞る（e）。
19 4等分に薄くスライスした和栗の渋皮煮、15の素焚糖のクレーム・ブリュレ2個を盛りつけ、17の丸くぬいた生地に粉糖（分量外）をふって3枚のせる。

a

b

c

d

e

●材料　88個分
(56cm×36cmカードル1台分)

パン・ド・ジェンヌ・カカオ
60cm×40cm天板3枚分

全卵 ……990g
加工黒糖 ……750g
アーモンドパウダー ……420g
バター ……312g
ブラックチョコレート ……84g
(カカオ分80%)
薄力粉 ……306g
ココアパウダー ……72g
ベーキングパウダー ……14g

クレーム・ショコラ・キャラメル・サレ

素焚糖 ……325g
水……312g
生クリーム(乳脂肪分35%)…624g
牛乳……312g
塩(ゲランド産) ……21g
寒天(ル・カンテンウルトラ)…12g
加糖凍結卵黄 ……207g
加工黒糖 ……66g
ブラックチョコレート ……744g
(カカオ分70%)

キャラメル・ノワールのシロップ

水 ……450g
乾燥バニラ……4本
(一度使ったバニラビーンズを洗って乾燥させる)
素焚糖 ……357g
加工黒糖 ……200g
コニャック ……162g

仕上げ

チョコレートの飾り、金箔

パン・ド・ジェンヌ・カカオ

1 ミキサーボウル(ホイッパー装着)に全卵、加工黒糖、アーモンドパウダーを入れ、40℃まで温めてから泡立てる。
2 バターとチョコレートを合わせて湯煎で溶かす。
3 1に粉類、2を順に加えてゴムベラで混ぜる。
4 60cm×40cm天板3枚に流してならし、190℃のオーブンで約10分焼く。
5 56cm×36cmカードルに合わせて四辺を切り落とす。

クレーム・ショコラ・キャラメル・サレ

6 大きめの鍋に素焚糖を入れて165℃まで焦がし、水を加えてのばす。
7 生クリーム、牛乳、塩、寒天を加えて沸騰させる。
8 加糖凍結卵黄と加工黒糖をすり混ぜ、7を加えて混ぜる。鍋にもどして火にかけ、ソース・アングレーズを炊く。
9 刻んだチョコレートに8を漉しながら加え、縦型ブレンダーで撹拌する。

キャラメル・ノワールのシロップ

10 水と乾燥バニラを合わせて沸騰させる。
11 素焚糖を175℃まで加熱して焦がし、10を加え、加工黒糖も加える。
12 40℃以下に冷めたら、コニャックを加える。

仕上げ

13 5のパン・ド・ジェンヌ・カカオ3枚の焼き目側に12のシロップの1/5量をそれぞれ打つ。
14 カードルに13の1枚を焼き面を上にして入れる。
15 9のクレーム・ショコラ・キャラメル・サレを800g流し入れてならす。
16 13を焼き面を下にしてのせ、裏面にも同様にシロップを打つ。
17 15、16をもう一度くりかえす。
18 クレーム・ショコラの残りを流し入れ、パレットで筋模様をつけながら平らにならす。冷蔵庫で1日休ませる。
19 9cm×2.5cmにカットする。チョコレート、金箔を飾る。

加工黒糖　素焚糖

オニキス

黒糖の色や味わいからイメージし、漆黒の天然石オニキスを表現したプティガトー。素焚糖をしっかりと焦がしてつくったキャラメルガナッシュのクリームを、チョコレートのパン・ド・ジェンヌと層に仕立てました。もとはレストランの父の日のディナーデザートとしてつくり、プティガトーの定番になった一品です。コーヒーはもちろんのこと、赤ワイン、ウイスキー、ブランデーにもよく合う、骨太で余韻の長い味わいです。

●材料　直径6.5cm×高さ3cm
シリコンストーン型54個分

ムース・ショコラ・マルコポーロ

生クリーム（乳脂肪分42%）…350g
牛乳…100g
紅茶（マルコポーロ）…25g
卵黄…300g
加工黒糖…50g
ブラックチョコレート…100g
（カカオ分66%）
ミルクチョコレート…500g
生クリーム…1300g

ムース・バニラ・グリオット

卵黄…65g
赤糖…60g
牛乳…150g
生クリーム…50g
バニラビーンズ…½本
板ゼラチン…6g
グリオットチェリーの漬け汁…20g
生クリーム…250g
グリオットチェリー…162個

素焚糖のクランブル

バター…105g
素焚糖…85g
グラニュー糖…80g
アーモンドパウダー…135g
薄力粉…165g

グラサージュ・ショコラ

生クリーム…270g
ココアパウダー…150g
黒蜜…165g
グラニュー糖…225g
水…165g
板ゼラチン…14g

仕上げ

フランボワーズ…2粒/1個
黒蜜…適量
エディブルフラワー（ペンタス）、金箔

ムース・ショコラ・マルコポーロ

1 生クリームと牛乳を沸かし、紅茶を入れてフタをして20分おく。
2 卵黄と加工黒糖をすり混ぜ、1を漉し入れ、鍋にもどしてソース・アングレーズを炊く。
3 きざんだブラックチョコレートとミルクチョコレートに2を漉し入れて混ぜる。粗熱をとる。
4 生クリームを6分立てにし、3と混ぜる。

ムース・バニラ・グリオット

5 卵黄と赤糖をすり混ぜ、合わせて沸騰させた牛乳と生クリーム、バニラビーンズを加える。鍋にもどしてソース・アングレーズを炊く。
6 ゼラチンを加えて溶かし、グリオットチェリーの漬け汁も加える。漉して冷ます。
7 生クリームを7分立てにし、6と混ぜ合わせる。
8 直径4cm×高さ2cmシリコン型にグリオットチェリーを3個ずつ入れ、7を流し入れる。冷凍庫で固める（a）。

素焚糖のクランブル

9 材料をひとかたまりになるまで混ぜる。厚さ1cmにのばし、1.5cm角にカットする。
10 天板に並べ、170℃のオーブンで15～20分焼く。

グラサージュ・ショコラ

11 ゼラチン以外の材料をBrix63%まで煮詰める（b・c）。
12 ゼラチンを加えて溶かし（d）、漉す。冷ます。

仕上げ

13 8のムース・バニラ・グリオットを直径6.5cm×高さ3cmシリコンストーン型に入れ、4のムース・ショコラ・マルコポーロを流し入れる。冷やし固める。
14 13に12のグラサージュ・ショコラを温めて上がけする（e）。
15 10の素焚糖のクランブルを砕いてのせ、縦半分にカットしたフランボワーズ2個分、エディブルフラワー、金箔を飾る。黒蜜をスポイトに入れて（f）さす。

a

b

c

d

e

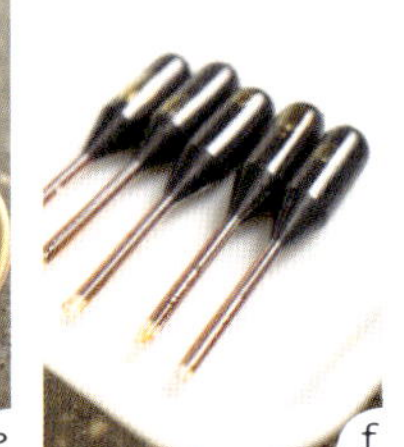
f

加工黒糖　赤糖　素焚糖　黒蜜

漆～フォレ・ノワール

甘い香りの紅茶のムース・ショコラのセンターには、グリオットチェリーのムース。漆のようなグラサージュ・ショコラの深い艶は黒蜜が醸しだしています。スポイトに入れた黒蜜をかけてもらい、さらにストレートにおいしさを伝えます。

●材料 カップ40個分

ビスキュイ・ショコラ
60×40㎝天板1枚分

卵黄	180g
牛乳	150g
加工黒糖	70g
ハチミツ	20g
塩	1g
キャノーラ油	200g
卵白	400g
加工黒糖	150g
薄力粉	200g
ココアパウダー	25g

クレーム・キャラメル

グラニュー糖	200g
牛乳	400g
卵黄	150g
板ゼラチン	18g
生クリーム（乳脂肪分35%）	400g

クレーム・カフェ

牛乳	400g
コーヒー豆	10g
卵黄	140g
加工黒糖	85g
板ゼラチン	10g
生クリーム	350g

黒糖メレンゲ

卵白	200g
グラニュー糖	400g
水	100g
黒蜜	100g

仕上げ

キャラメルソース（グラニュー糖150gを加熱してキャラメルをつくり、生クリーム300gを加えてのばす）	3g/1個
黒蜜	3g/1個
アーモンドキャラメリゼ（8割ダイスのキャラメリゼ）	適量
インスタントコーヒー	適量
飾り用チョコレート	

下準備

- クレーム・カフェの牛乳に細かく挽いたコーヒー豆を加え、冷蔵庫で一晩抽出する。

ビスキュイ・ショコラ

1 卵黄、牛乳、加工黒糖、ハチミツ、塩、キャノーラ油を混ぜ合わせ、40℃に調整する。

2 卵白と加工黒糖を泡立ててしっかりとしたメレンゲをつくる。

3 1に2の⅓量を加えて混ぜ、粉類、残りのメレンゲの順に加えて混ぜる。

4 天板に流してならす。180℃のオーブンで約20分焼く（a）。

5 カップの大きさに合わせて丸くぬく。

クレーム・キャラメル

6 グラニュー糖を加熱して焦がし、沸騰した牛乳を加えてキャラメルソースをつくる。

7 溶いた卵黄を加え、82℃まで加熱する。

8 ゼラチンを加えて溶かし、35℃まで冷やす。

9 生クリームを7分立てにし、8に加えて混ぜる。

クレーム・カフェ

10 一晩抽出したコーヒーを漉し、牛乳適量（分量外）を加えて400g量に調整する。これを加熱する。

11 卵黄と加工黒糖をすり混ぜ、10を加えて混ぜる。鍋にもどし、82℃まで加熱する。

12 漉し、ゼラチンを加えて溶かし、35℃まで冷やす。

13 生クリームを7分立てにし、12に加えて混ぜる。

黒糖メレンゲ

14 ミキサーボウル（ホイッパー装着）に卵白を入れて泡立てはじめる。

15 グラニュー糖と水を120℃まで加熱する。

16 14がしっかりと泡立ってきたら、15を注ぎ入れて熱がとれるまで泡立てる。

17 黒蜜を加えてゴムベラで混ぜる（b）。

仕上げ

18 カップの底にキャラメルソース3g、黒蜜3gを入れる（c）。

19 13のクレーム・カフェをカップの半分まで流し、アーモンドキャラメリゼを散らす。

20 5のビスキュイ・ショコラをのせ、9のクレーム・キャラメルをカップの縁1㎜下まで流し入れる。インスタントコーヒーをふる。

21 17の黒糖メレンゲを泡のようにこんもりと絞り、表面をバーナーで焼く（d）。冷めてからチョコレートの飾りを添える。

a

b

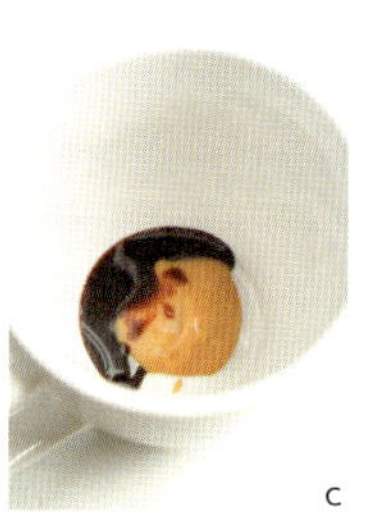
c

d

味わいキャラメルマキアート

黒糖とコーヒーの相性は抜群。黒糖尽くしの味わい深いデザートをキャラメルマキアート仕立てにしました。クレームやメレンゲの口溶けとともに、黒糖のコクと香りが広がります。ビスキュイ・ショコラのメレンゲに入れた加工黒糖は、あえて溶かさずに食感を残しているのがポイントです。

Recipe：菅又亮輔［Ryoura］

加工黒糖　ブラウンシュガー
素焚糖　赤糖

オレンジのサヴァラン

ラムと加工黒糖の余韻が長いシロップをババにたっぷりと吸わせます。相性のいいオレンジとの組み合わせて。

●材料　カップ32個分

パータ・ババ

強力粉	500g
グラニュー糖	35g
生イースト	24g
塩	10g
全卵	250g
水	240g
バター	125g

シロップ

水	1170g
加工黒糖	425g
ブラウンシュガー	165g
ラム酒（ダーク）	235g

仕上げ

オレンジ果肉	適量
クレーム・パティシエール（→P16）	960g
クレーム・シャンティイ（→P16）	適量
粉糖	適量
オレンジコンフィ	適量
金箔	

パータ・ババ

1 材料すべてをミキサー（フック装着）でこねる。室温で1時間発酵させる。

2 35gに分割し、直径5.5cm×高さ4.5cmセルクルに入れる。180℃のオーブンで15〜18分焼く。

シロップ

3 水を沸かし、加工黒糖とブラウンシュガーを加えて泡立て器で混ぜて溶かす。漉し、ラム酒を加える（a・b）。

仕上げ

4 オレンジの果肉を房からむく。7で使う分は3等分くらいに切る。

5 2のババ生地を同じセルクルでぬいて形を整える（c）。生地の一部を切り取り、カップに押し込む。

6 3のシロップを55gずつ注ぐ（d）。しばらくおいてシロップを吸わせる（e）。

7 クレーム・パティシエールを30g絞り、4のオレンジを入れる。クレーム・シャンティイを絞り、粉糖をふる。

8 オレンジの果肉、オレンジコンフィをのせ、金箔を飾る。

a

b

c

d

e

Recipe：荒木浩一郎［スイーツワンダーランド アラキ］

素焚糖　黒蜜　加工黒糖

素焚糖と栗のショートケーキ

身体にやさしいスイーツをつくりたいという思いから、アレルゲン対応の卵、乳、小麦粉不使用、そして白い砂糖も使わないショートケーキのレシピを考えました。素焚糖は豆乳や栗との相性がよく、卵や乳製品を使わなくてもボディ感をだしてくれます。

ビスキュイ素焚糖

1 豆乳に素焚糖、黒糖寒天ベースを加えて泡立て器で混ぜ、粉類も加えて混ぜる（a）。

2 天板に流し入れる。150℃のオーブンで約30分湯煎焼きする。

豆乳クリーム

3 豆乳クリームと素焚糖を7分立てにする。

黒糖シロップ

4 材料すべてを混ぜ合わせる。

仕上げ

5 2のビスキュイ素焚糖を直径5.5㎝丸型でぬき、4の黒糖シロップをたっぷりと打つ（b）。

6 カップの底に栗のブロークンを入れ、3の豆乳クリーム、5、3の豆乳クリームを順に入れる。

7 ホウルの栗をのせる。素焚糖をまぶしたチョコレートの飾り、シュトロイゼルクッキー4個を添える。

a

b

● 材料　カップ20個分

ビスキュイ素焚糖　60㎝×40㎝天板1枚分

豆乳（無調整）……180g
素焚糖……75g
黒糖寒天ベース（→P62）……5g
［米粉……180g
　ベーキングパウダー……5g

豆乳クリーム

豆乳クリーム……300g
素焚糖……21g

黒糖シロップ

黒蜜……30g
焦がしキャラメルソース……20g
（グラニュー糖を焦がしたペースト）
水……100g

仕上げ

栗（ブロークン）……適量
栗（ホウル）……2個／カップ1個
チョコレートの飾り、素焚糖、シュトロイゼルクッキー

下準備

● シュトロイゼルクッキー（プレーン）：バター、素焚糖各100gをすり混ぜ、アーモンドパウダー、薄力粉各100gを混ぜる。厚さ1㎝にして冷蔵庫で固め、1㎝角にカットする。150℃のオーブンで約25分焼く。ショコラは薄力粉を90gにしてココアパウダー15gを加える。

人間は甘味を求めている

渡邊 昌　公益社団法人 生命科学振興会理事長

人間の生命維持に欠かせない糖分

人間の生命維持に欠かせない栄養成分にグルコースがあります。

人間は進化の過程でグルコースをもっとも有効なエネルギー源として選び、生命を維持する仕組みを形づくってきました。

何億年という積み重ねのなかで、「グルコースを食べ物にする共生関係」をつくってきたのです。

「砂糖を減らす」ことがあたかも健康のバロメーターであるかのように声高にいわれる昨今ですが、大切な本質をみずに捨て去ってしまうと、人間の生命にどんなしっぺ返しがくるかわかりません。糖分にはグルコースとフラクトースが結合した砂糖の他にも、さまざまな糖類があります。それらを適正量摂取するのなら何も問題はありません。むしろ、all or nothingで全部排除しようとすると問題があります。

何億年という進化の過程をみると、最初に使われていたエネルギー源は脂肪であり、ケトン体となって燃やされました。しかしグルコースを利用できるようになり、こちらの方がよりエネルギーをより多く生みだすので、全身の細胞にうまく取り込んで燃やすように進化してきました。

とくに人間の脳はエネルギーの20%を消費するといわれ、グルコースにすれば100g近くになります。

このように糖分は、重要な生命維持エネルギーであるにもかかわらず、一方で過剰摂取による健康への影響が大きく取りあげられることがよくあります。

虫歯、肥満、糖尿病などが、砂糖の取りすぎで起きるといわれていますが、それは精製した白砂糖の取りすぎが問題です。

虫歯は虫歯菌が原因ですが、口内環境は唾液によって改善され、虫歯菌をはじめとする口内細菌ですら共生菌。虫歯菌も砂糖を分解して口腔内を酸性にし、他の雑菌を殺しているという考え方に変わってきています。

肥満はエネルギーの過剰摂取が原因ですが、戦後から現在にいたるまでの日本のおもな栄養素の摂取量の推移をみると、脂肪とたんぱく質の摂取量は5倍に増えているものの、糖質の摂取量は減少しています。つまり肥満は、脂肪とたんぱく質の過剰摂取こそが原因といえるでしょう。

糖尿病も砂糖のみに原因を求めるのはまちがっています。砂糖を過剰摂取すれば、急速に血糖値が上がってインスリンが過剰に分泌され、そのうち不足するようになります。また、肥満になるとインスリン抵抗性がでてインスリンが有効に働かなくなります。

渡邊 昌（わたなべ しょう）
1941年生まれ。医学博士。ライフサイエンスに造詣が深く、(社)生命科学振興会理事長を務め、「医と食」「ライフサイエンス」編集長を兼務。栄養学からさらに食の重要性に踏み込み、食学・東洋医学・西洋医学を合わせた综合医療の研究を進めている。

黒砂糖の優れたミネラルバランス

健康志向のなか、生命を維持する砂糖を再評価するとともに、砂糖をもっと知り、より身体にいい砂糖を選択し、摂取したいと思うのは当然のことでしょう。そこには黒糖をはじめとする「含蜜糖」への再評価があります。

含蜜糖は世界中で生産されてきたものの、近年は主成分であるスクロース（ショ糖）の純度をいかに高めるかが評価軸となり、ショ糖分の含有率をベースとした価値観でマーケットがつくられてきました。いわゆる「白砂糖」文化が世界を席巻し、含蜜糖の「黒い砂糖」文化は衰退しました。含蜜糖が本来持つミネラル成分、すなわちおいしさや微量な栄養分は捨て去られてしまったのです。

そんな市場原理とは別に、私たちの身体は、大げさにいえば遺伝子は、含蜜糖を欲しているように思えます。含蜜糖を食べた経験のない世代の人も、不思議と含蜜糖の味が好きなのです。何か懐かしささえ感じる「しっくりとくるおいしさ」はどこからくるのでしょう。

その理由のひとつとして、「含蜜糖の優れた栄養バランス」があげられます。栄養学的に一番栄養バランスがいいのは人乳といわれていますが、含蜜糖はそれに匹敵する栄養バランスを持っています。ミネラル（ナトリウム、カリウム、カルシウム、マグネシウム、リン、鉄、亜鉛、銅、マンガン）のバランスが非常に優れているのです。

この栄養バランスのよさ、ミネラルバランスのよさが、体内に取り込まれた時に、生命体として「欲している」と感じさせ、「おいしい」と感じさせるのでしょう。

絶妙なミネラルバランスは、含蜜糖独自の滋味や奥深さ、香りを醸しだし、ほどよい甘味度（官能評価では砂糖の80％の甘味）が心地のよい甘さを感じさせます。これは心の癒しにもなります。

現代の多忙な人々の食生活や、これからの高齢化社会における食生活を考えると、人間の生命を維持させ、脳を活性化させるために、含蜜糖はとてもいい食べ物といえるのではないでしょうか。

バナナ、トロピカルフルーツ、柑橘類…
含蜜糖とフルーツの相性は抜群

Recipe：横田秀夫［菓子工房オークウッド］

●材料
直径12.5㎝×高さ2.5㎝
耐熱容器5個分

バナナのソテー

バナナ	250g
バター	20g
素焚糖	25g

アパレイユ

牛乳	100g
生クリーム(乳脂肪分38%)	300g
加工黒糖	60g
卵黄	80g

仕上げ

素焚糖	適量

バナナのソテー

1 バナナの皮をむき、厚さ1㎝にスライスする。
2 フライパンを火にかけてバターを溶かし、1のバナナ、素焚糖を入れてつぶしながら炒める(a)。でてきた水分がほぼ煮詰まるまで強火でソテーする(b)。

アパレイユ

3 牛乳と生クリーム、加工黒糖を合わせて(c)沸騰させ、鍋底を氷水に少しあてて粗熱をとる。
4 卵黄を溶き、3を加えて混ぜる(d)。漉す。
5 耐熱容器に2のバナナのソテーを入れてスプーンで平らにならす。
6 4をバナナのソテーと混ざらないように静かに流し入れる(e)。150℃のオーブンで30～35分焼く。

仕上げ

7 6に素焚糖を茶こしでまんべんなくふり(f)、耐熱容器の縁を指でぬぐってきれいにする(g)。全体に霧吹きを軽くふき、バーナーでキャラメリゼする(h)。

素焚糖　加工黒糖

バナナと素焚糖のクレーム・ブリュレ

バナナを素焚糖でソテーして味をぐっと濃くし、クレーム・ブリュレの底に敷き詰めます。アパレイユも加工黒糖で濃厚テイストに。表面のキャラメリゼも素焚糖でこんがりと。

素焚糖　ブラウンシュガー　モラセスシュガー　赤糖

レガル・ダズィ

アジアを連想させるフルーツを埋め込んだクレーム・オ・ブールを、ココナッツのマカロンでサンドしたプティガトー。モラセスシュガーとブラウンシュガーでつくるクレーム・オ・ブールは濃厚でありながらも、心をおだやかにするようななごやかな味わい。表面全体にまぶしたココナッツのクラクランは赤糖と糖化させたもので、やさしい甘味のなかにコクがあります。

加工黒糖 素焚糖

タルト・トロピック

黒糖から感じる南国のイメージをタルトにしました。トロピカルフルーツと含蜜糖の相性はとてもよく、タルト全体がよくまとまります。

●材料　15個分

パータ・マカロン・ココ

冷凍卵白 …… 150g
素焚糖 …… 150g
乾燥卵白（アルブミナ）…… 1g
ココナッツリキュール …… 7g
┌粉糖 …… 210g
│アーモンドパウダー …… 150g
└ココナッツファイン …… 75g
ココナッツファイン …… 適量

コクテル・フリュイ・オリエンタル

マンゴー（タイ産）…… 1個
パイナップル …… 1個
ブラウンシュガー …… 40g
桂花陳酒 …… 40g

クレーム・モラセス

モラセスシュガー …… 60g
ブラウンシュガー …… 30g
水 …… 90g
加糖凍結卵黄 …… 72g
発酵バター …… 234g
桂花陳酒 …… 18g

ココナッツのクラクラン

ココナッツファイン …… 150g
赤糖 …… 45g
水 …… 15g

組み立て

エディブルフラワー、
チョコレートの飾り

パータ・マカロン・ココ

1 ミキサーボウル（ホイッパー装着）に冷凍卵白と素焚糖、乾燥卵白を入れ、高速でしっかりと泡立てる。
2 ココナッツリキュール、粉類を加えて混ぜ、マカロナージュする（ある程度気泡をつぶすように混ぜる）。
3 口径10㎜の丸口金をつけた絞り袋に入れ、天板に直径5㎝に絞る。表面にココナッツファインをたっぷりとふり、20～30分おいて表面を乾燥させる。
4 125℃のオーブンで10分焼き、100℃に下げてさらに約8分焼く。

コクテル・フリュイ・オリエンタル

5 マンゴーは1㎝角に、パイナップルは3㎝×5㎜程度の細長い形にカットする。
6 5にブラウンシュガーと桂花陳酒をふりかけ、ラップを密着させてかける。50℃のオーブンで25分加熱し、冷ましておく。

クレーム・モラセス

7 モラセスシュガーとブラウンシュガー、水を沸かして砂糖を溶かす。
8 加糖凍結卵黄に7を加えて混ぜ、鍋にもどして火にかけてソース・アングレーズの要領で炊く。
9 漉し、20℃まで冷ます。
10 発酵バターをミキサーで白っぽくなるまで立て、9を加え、桂花陳酒も加える。

ココナッツのクラクラン

11 ココナッツファインを120℃のオーブンで約20分ローストする。
12 赤糖と水を104℃まで加熱し、火をとめて11を加えて混ぜ、再度火にかけて糖化させる（a）。

組み立て

13 直径5.5㎝セルクルに10のクレーム・モラセスを少量絞り、6の水分を絞ってぎっしり詰め込む。
14 さらにクレーム・モラセスをすき間を埋めるように高さ2㎝程度に絞り入れる。冷やし固める。
15 4のマカロン2枚で14をはさむ。
16 表面全体に12のココナッツのクラクランをつけ、エディブルフラワー、チョコレートを飾る。

a

●材料　15個分

パート・シュクレ
つくりやすい量

バター……300g
粉糖……190g
全卵……120g
┌強力粉……250g
│薄力粉……250g
│アーモンドパウダー……60g
│塩……2g
└バニラパウダー……0.5g

ビスキュイ
60cm×40cm天板1枚分

全卵……290g
卵黄……30g
グラニュー糖……145g
薄力粉……145g
バター……48g
牛乳……15g

ムース・ココ

ココナッツピュレ……75g
板ゼラチン……2.4g
ラム酒（ホワイト）……4g
ココナッツリキュール……3g
イタリアンメレンゲ
　グラニュー糖……160g
　水……55g
　卵白……80g
生クリーム（乳脂肪分45%）…65g

シロップ

ボーメ30°シロップ……100g
加工黒糖……10g

組み立て

クレーム・パティシエール……360g
（→P16）
ナパージュ・ヌートル……適量
パイナップル、マンゴー…各5切れ

下準備

- パイナップル、マンゴーは1.5cm角くらいに切っておく。

パート・シュクレ

1 ミキサーボウル（ビーター装着）にバターと粉糖を入れて混ぜ、全卵を数回に分けて加えて混ぜる。粉類を加えて混ぜる。冷蔵庫で一晩休ませる。
2 厚さ1.75mmにのばし、直径7cm×高さ1.5cmタルトリング15個に敷き込む。ピケして重石を入れる。
3 160℃のオーブンで約25分焼く。

ビスキュイ

4 ミキサーボウル（ホイッパー装着）に全卵、卵黄、グラニュー糖を入れて人肌まで温めてから、リボン状になるまで泡立てる。
5 薄力粉を加えてゴムベラで混ぜる。バターと牛乳を合わせて溶かし、加えて混ぜる。
6 185℃のオーブンで約12分焼く。直径5cm丸ぬき型で15枚ぬく。

ムース・ココ

7 ココナッツピュレに湯煎で溶かしたゼラチンを加えて混ぜ、ラム酒、ココナッツリキュールも加える。
8 イタリアンメレンゲをつくる。グラニュー糖と水を118℃まで加熱する。卵白を泡立て、シロップを加えて粗熱がとれるまでさらに泡立てる。
9 7に8、泡立てた生クリームを加えて混ぜる。
10 直径4cmシリコンドーム型15個に入れ、ショックフリーザーで冷やし固める。

シロップ

11 シロップと加工黒糖を混ぜて溶かし、漉す。

組み立て

12 6のビスキュイに11のシロップを6gずつ打つ。
13 3のパート・シュクレにクレーム・パティシエールを絞り、12をのせて押し込む（a）。さらにクレーム・パティシエールを少量絞り、パレットですり切る（b）。
14 網の上に10のムース・ココを並べ、ナパージュをレードルでかける（c）。
15 14を13の上にのせ、パイナップル、マンゴーをまわりにのせる。

a

b

c

素焚糖　ブラウンシュガー　黒蜜

ケイク・マルティニーク

ブラウンシュガーと黒蜜を入れたケイク生地をベースに、カリブ海のマルテニィーク産ラム酒をきかせたブラウンシュガーのシロップ、バナナの素焚糖ソテーで仕上げました。黒蜜は転化糖のかわりに使うことができ、生地を保湿する効果はもちろんのこと、香りのいいエッセンスとしてもきいています。ラム酒もさとうきびから造られるので、相性のよさはいうまでもありません。

加工黒糖　赤糖

バナナとオレンジのタルト

さとうきびが多く生産されるカリブ海周辺をイメージして、オレンジをアクセントにタルトで表現しました。表面をおおうラム酒のジュレもきいています。

● 材料
直径7㎝シリコンドーム型30個分

バナナのソテー
バナナ……………………… 600g
素焚糖 ………………………180g
水……………………………… 60g
寒天（ル・カンテンウルトラ）… 4.8g
ココナッツオイル …………… 30g
ラム酒（ダーク）……………… 48g

パータ・ケイク
発酵バター……………………450g
┌ 準強力粉 …………………450g
└ ベーキングパウダー ………… 9g
ブラウンシュガー ……………400g
黒蜜 ………………………… 50g
塩（ゲランド産）…………………4g
全卵 …………………………420g

シロップ
ブラウンシュガー ……………150g
バニラビーンズ ……………… 1本
（乾燥させたもの）
水 ……………………………150g
ラム酒（ダーク）……………… 75g

グラサージュ・ショコラ
生クリーム（乳脂肪分35%）… 96g
水 …………………………… 96g
素焚糖 ………………………156g
ココアパウダー ……………… 99g
板ゼラチン …………………… 14g
ナパージュ・ヌートル ………226g
（加熱せず使用できるもの）

グラサージュ
アプリコットのナパージュ … 300g
（ジェルフィックス）
水 …………………………… 60g

仕上げ
バナナ …………………… 300g
素焚糖 ……………………… 60g

バナナのソテー
1 バナナを厚さ1㎝にカットする。
2 鍋に素焚糖を入れて浅めに焦がし、1、水で溶いた寒天を加える。
3 水分がほとんどなくなり、ペースト状になるまで加熱したら、ココナッツオイル、ラム酒を加える。
4 直径4㎝シリコンドーム型30個に絞り入れ、冷凍庫で凍結させる。

パータ・ケイク
5 発酵バターと粉類をペースト状になるまで混ぜ、23℃に調整する。
6 ブラウンシュガーと黒蜜、塩、全卵をよく混ぜ、23℃に調整する。
7 5に6を3回に分けて加えて、あまり泡立てないように混ぜる。
8 直径7㎝シリコンドーム型30個に絞り入れ、センターに4を押し込む。ふたたび生地を少量絞る。
9 150℃のオーブンで約35分焼く。
10 9が焼きあがったら型からはずし、熱いうちに11のシロップに10秒程度浸す。型にもどして冷凍庫に入れる。

シロップ
11 ブラウンシュガー、バニラビーンズ、水を合わせて沸騰させ、火をとめてラム酒を加える。

グラサージュ・ショコラ
12 生クリームと水を沸かす。
13 ボウルに素焚糖とココアパウダーを合わせ、12を加えて混ぜる。
14 ゼラチンを加えて溶かし、ナパージュ・ヌートルも加える。裏漉しし、縦型ブレンダーで撹拌する。冷やしておく。

グラサージュ
15 材料を合わせて沸騰させる。
16 冷凍しておいた10を型からだして網の上に並べ、15を上がけする。

仕上げ
17 バナナを縦半分にカットして適当な長さに切り、素焚糖を茶こしでふってバーナーで焦がす。
18 16の中央のくぼみに14のグラサージュ・ショコラを絞り入れる。17のキャラメリゼしたバナナを1切れのせる。

●材料　20個分

パータ・フォンセ・ショコラ
バター（室温）……………300g
卵黄……………2個分
┌薄力粉……………500g
└ココアパウダー……………10g
┌水……………80g
A グラニュー糖……………20g
└塩……………10g

キャラメルオレンジ
オレンジ……………3個
オレンジの果汁……………3個分
グレナデンシロップ……………16g
オレンジリキュール……………15g
グラニュー糖……………35g

フィヤンティーヌ
ミルクチョコレート……………15g
バター……………6g
プラリネノワゼット……………54g
フィヤンティーヌ……………30g

クレーム・ショコラ黒糖
卵黄……………20g
グラニュー糖……………20g
加工黒糖……………15g
生クリーム（乳脂肪分42%）…185g
牛乳……………185g
ブラックチョコレート……………120g
（カカオ分70%）
ミルクチョコレート……………80g

バナナソテー
グラニュー糖……………30g
バナナ……………200g
ラム酒（ダーク）……………10g
加工黒糖……………10g

黒糖メレンゲのクリーム
卵白……………80g
加工黒糖A……………45g
加工黒糖B……………40g
コーンスターチ……………15g
生クリーム……………400g

ラム酒のジュレ
水……………800g
ラム酒（ダーク）……………100g
加工黒糖……………100g
ゲル化剤（パールアガー8）…50g

仕上げ
バナナ……………約10本
赤糖……………適量
チョコレートの飾り、アーモンドスライス、
オレンジピール、ピスタチオ（スライス）

パータ・フォンセ・ショコラ

1 ミキサーボウル（ビーター装着）に材料（Aはあらかじめ混ぜる）を入れ、ひとかたまりになるまで練る。ビニールで包み、冷蔵庫で半日休ませる。
2 厚さ2㎜にのばし、直径12㎝丸ぬき型でぬく。直径7㎝×高さ2.5㎝セルクルに敷き込み、重石をのせる。190℃のオーブンで40～50分焼く。

キャラメルオレンジ

3 オレンジの果肉をむく。
4 果汁にグレナデンシロップ、オレンジリキュールを混ぜる。
5 鍋にグラニュー糖を入れてキャラメリゼし、4を加えて沸騰させる。
6 熱いうちに3に漉しながら注ぐ。粗熱をとり、冷蔵庫で一晩マリネする。

フィヤンティーヌ

7 ミルクチョコレートとバターを合わせて湯煎にかけて溶かし、プラリネノワゼット、フィヤンティーヌを順に加えて混ぜる。
8 厚さ2㎜にのばし、冷やし固める。4㎝角にカットする。

クレーム・ショコラ黒糖

9 卵黄とグラニュー糖、加工黒糖をすり混ぜ、合わせて沸騰させた生クリームと牛乳を加える。漉して鍋にもどし、ソース・アングレーズを炊く。
10 チョコレート2種を湯煎で溶かし、9を加える。冷蔵庫で冷やし固める。

バナナソテー

11 フライパンでグラニュー糖をキャラリゼする。バナナとラム酒を入れ、やわらかくなるまでソテーする。仕上げに加工黒糖を加える。冷ます。

黒糖メレンゲのクリーム

12 卵白と加工黒糖Aを泡立ててメレンゲをつくる。
13 加工黒糖Bとコーンスターチを合わせて12に加えて混ぜる。
14 天板に薄くのばす。90℃のオーブンで3～4時間乾燥焼きにする。
15 14をミルサーで粉末にして75gを取り分け、生クリームと泡立てる。

ラム酒のジュレ

16 材料を沸騰直前まで温め、バットに厚さ2㎜に流す。冷やし固める。
17 直径8㎝菊型でぬく。

仕上げ

18 厚さ2㎜に小口切りしたバナナに赤糖を茶こしでふり、バーナーで軽く焼いて冷ます。
19 2の底に8のフィヤンティーヌを入れる。10のクレーム・ショコラ黒糖を絞り、縁まですりあげる。11のバナナソテー、6のキャラメルオレンジ2切れを入れ、15の黒糖メレンゲのクリームを縁まで入れる(a)。
20 18のバナナ約13枚を並べる。17のラム酒のジュレをかぶせる。
21 チョコレートの飾り、アーモンドスライス、オレンジピール、ピスタチオを飾る。

a

モラセスシュガーがおもしろい

Recipe：指籏 誠［ノイン・シュプラーデン］

● 材料　上口18cm×8cm×高さ7cmパウンド型2本分

パウンド生地

全卵 ……… 230g
モラセスシュガー ……… 245g
素焚糖 ……… 50g
塩 ……… 1g
サワークリーム ……… 105g
ラム酒（ダーク）……… 30g
薄力粉 ……… 105g
強力粉 ……… 105g
ベーキングパウダー ……… 7g
溶かしバター ……… 85g
赤ワイン漬けイチジク ……… 85g
（→下記）

仕上げ

アプリコットジャム ……… 適量
赤ワイン漬けイチジク … 3切れ/1本
ヌガークロッカン（→下記）……… 適量
金箔

下準備

- パウンド生地の赤ワイン漬けイチジクを1cm角くらいに刻む。

パウンド生地

a

b

1 ボウルに全卵、モラセスシュガー、素焚糖、塩を入れ、湯煎にあてて泡立て器で混ぜながら人肌まで温める（a）。30分おいて冷ます。

2 30分たつとモラセスシュガーに水分が浸透してやわらかくなっているので、泡立て器でつぶすようにしながら砕いて溶かしながら混ぜる（b）。もしまだ溶けにくい場合は、湯煎もしくは直火で温めて溶かし、冷ましてから次の工程に進むといい。

3 サワークリーム、ラム酒を加えて混ぜる。

4 粉類を加えてなめらかになるまで混ぜ、溶かしバターを加える。30分休ませる。

5 赤ワイン漬けイチジクを混ぜる。

6 型に入れる。カードに溶かしバター（もしくは植物性オイル・分量外）をつけ、生地の中央に筋をつける。170℃のオーブンで約45分焼く。

仕上げ

7 アプリコットジャムを加熱して6の上面にぬり、赤ワイン漬けイチジク、ヌガークロッカン、金箔を飾る。

赤ワイン漬けイチジク

● 材料　セミドライイチジク…300g　赤ワイン…100g　素焚糖…100g　バタースコッチ（リキュール）…少量

1 セミドライイチジクは半分にカットする。

2 赤ワインと素焚糖をひと煮立ちさせ、1とバタースコッチを加える。1日以上漬け込む。　＊密閉容器で約2ヵ月保存可。漬け込んだシロップもパウンドの焼成後にぬるなどして利用できる。

ヌガークロッカン

● 材料　バター…100g　素焚糖…60g　グラニュー糖…60g　水アメ…40g　ハチミツ…20g　アーモンドダイス（16割）…75g

1 アーモンドダイス以外の材料を電子レンジ（700W）で約1分加熱して混ぜ合わせ、アーモンドダイスを加える。　2 シリコンマットに薄くのばし、160℃のオーブンでキツネ色になるまで数分焼く。　＊1の状態で密閉容器に入れて常温で約1ヵ月保存可。

モラセスシュガー　素焚糖

モラセスフィグパウンド

モラセスシュガーの深いコクとイチジクがよく合う、秋冬シーズン向けのパウンドケーキです。赤ワイン漬けイチジク、ヌガークロッカンは仕込んで常備しておくと便利なパーツです。

Recipe：西園誠一郎[Seiichiro, Nishizono]

モラセスシュガー　素焚糖　加工黒糖

ガトー・バスク・ノワール

ガトー・バスクの生地をモラセスシュガーと素焚糖で仕込んで焼きあげ、加工黒糖のクレーム・パティシエールをサンドしました。生地を1時間50分かけてしっかりと焼き込むことにより、モラセスシュガーの余韻の長い香りが引き立ちます。

●材料　30個分

パータ・バスク

卵黄	250g
モラセスシュガー	300g
素焚糖	150g
バニラビーンズ	1本
ラム酒（ダーク）	10g
塩（ゲランド産）	1g
発酵バター	450g
準強力粉	500g
アーモンドパウダー	200g

クレーム・パティシエール・バスク

牛乳	750g
アーモンドパウダー	186g
卵黄	75g
加工黒糖	165g
強力粉	45g
薄力粉	33g
バター	8g
ラム酒（ダーク）	15g

下準備

- モラセスシュガーと素焚糖、バニラビーンズをサヤごとフードプロセッサーで粉砕し、ふるいにかける。

パータ・バスク

1 卵黄と準備した砂糖、ラム酒、塩を混ぜ合わせる。
2 室温にもどした発酵バターに1を加えて混ぜて乳化させる。
3 準強力粉、アーモンドパウダーを加えて混ぜる。まとめてラップで包み、冷蔵庫で冷やし固める。

クレーム・パティシエール・バスク

4 牛乳とアーモンドパウダーを合わせて沸騰させる。
5 卵黄と加工黒糖をすり混ぜ、粉類も加える。
6 5に4を加え、漉しながら鍋にもどして強火で火を入れる。沸いてきたら中火にし、ツヤがでてなめらかになるまで炊く。
7 火をとめてバターとラム酒を加える。バットなどに広げて素早く冷ます。

組み立て

8 3の生地を厚さ1cmにのばし、28cm×36cmカードルで2枚ぬく。
9 カードルの底に8を1枚敷き、その上に7のクレーム・パティシエール・バスクを入れてならし、もう1枚の生地をのせる。
10 全卵（分量外）をぬって乾いたら、もう1度ぬり、ペティナイフで斜め格子の模様を描く。
11 150℃のオーブンで90分焼き、140℃に下げてさらに約20分焼く。5.5cm角にカットする。

Recipe：井上佳哉［ピュイサンス］

モラセスシュガー

モラセスの タルト・シュクル

ブリオッシュ生地の上に、モラセスシュガーを厚さ1cmほどたっぷりとのせます。これだけでも十分おいしいのですが、クレーム・ドゥーブルベースのアパレイユものせてよりリッチに。含蜜糖の水分を吸収しやすい特徴を生かし、焼きあがった生地の中で蜜のようになったモラセスシュガーをストレートに味わってください。

パータ・ブリオッシュ

1 ミキサー（フック装着）に全材料を入れて低速で5分練り混ぜる。ひとつにまとめてラップで包み、冷蔵庫で1日発酵させる。

アパレイユ

2 クレーム・ドゥーブル、クレーム・パティシエール、全卵を泡立て器で混ぜ合わせる。

組み立て

3 1の生地を厚さ7mmにのばし、タルトリングに敷き入れる。

4 ハケで溶き卵（分量外）をぬり、モラセスシュガーをおおまかに砕きながら全体に均一にのせる。

5 2のアパレイユを入れてならす。

6 220℃のオーブンで約20分焼く。

● 材料
直径18cmタルトリング1台分

パータ・ブリオッシュ

全卵	75g
バター	75g
強力粉	125g
グラニュー糖	12g
インスタントドライイースト	4g
塩	3g

アパレイユ

クレーム・ドゥーブル	250g
クレーム・パティシエール	80g
全卵	30g

組み立て

モラセスシュガー	100g

●材料
直径9.5㎝マドレーヌ型6個分

全卵	105g
モラセスシュガー	100g
グラニュー糖	40g
アーモンドパウダー	100g
薄力粉	45g
ベーキングパウダー	2g
ラム酒（ダーク）	5g
溶かしバター	70g
牛乳	20g
バニラエッセンス	1g

1 ボウルに全卵、モラセスシュガー、グラニュー糖を入れ（a）、湯煎もしくは直火にあてて混ぜながら人肌まで温める（b）。モラセスシュガーが溶けるまで（c）、熱がつきすぎないように注意する。これを漉して（d）ミキサーボウル（ホイッパー装着）に移す。

2 アーモンドパウダーを加え、中速で白っぽくリボン状になるまで立てる（e・f）。

3 ボウルに移し、粉類を少しずつ加えてゴムベラで混ぜる（g）。

4 ラム酒も加え、溶かしバターと牛乳を合わせて加えて混ぜ（h）、バニラエッセンスも加える。

5 マドレーヌ型に絞り入れる（i）。160℃のオーブンで約16分焼く。

モラセスシュガー

モラセスマドレーヌ

日本人がイメージする懐かし系のふんわりマドレーヌをモラセスシュガーでつくり、味わいたっぷりに。モラセスシュガーの強いインパクトを生かしながらも、味が強くてすぎないようにするため、グラニュー糖と合わせて使っています。モラセスシュガーは硬く固まっていて扱いが大変そうですが、人肌程度まで熱をつけるとすぐに溶けます。

モラセスシュガー

モラセスキューブ

モラセスシュガーはそのまま食べてもおいしい砂糖。独特のうまみがあり、味に奥行きがあります。溶けづらいことを逆手にとり、バターと粉で表面をブロックして焼成後も水分が溶けださないようにし、ザクザクとした食感を楽しめるようにしました。

1. ミキサーボウル(ビーター装着)に室温にもどしたバターとモラセスシュガーを入れ(a)、ペースト状になるまで混ぜる(b)。
2. アーモンドパウダー、米粉を順に加えて混ぜる(c・d)。
3. 厚さ1.5cmにのばし(e)、冷やし固める。
4. 1.5cm角にカットする(f)。
5. 天板に並べ、160℃のオーブンで約20分焼く。

●材料　156個分

バター	200g
モラセスシュガー	200g
アーモンドパウダー	180g
焼き菓子用米粉	200g

Recipe：菊地賢一［レザネフォール］

モラセスシュガー　加工黒糖

モラセスジンジャーのチュロス

チュロスの生地にモラセスシュガーとショウガを練り込みました。モラセスシュガーは含蜜糖のなかでも一番風味が強いので、揚げても風味が飛ばずに残ります。

1 水とモラセスシュガー、塩を火にかけ、泡立て器で混ぜながら溶かして沸騰させる(a)。
2 火をとめて粉類を加え(b)、再度火にかけて底に薄く膜ができるまで練り混ぜる。
3 火からおろし、全卵を数回に分けて加えて練り混ぜる。ショウガの絞り汁を加える。
4 口径9㎜8切の星口金(星形で絞らないと揚げている途中に生地が破裂しやすい)をつけた絞り袋に入れ、棒状などの形に絞りだす(c)。
5 揚げ油を180℃に熱し、4を3、4分揚げる(d)。油を切る。
6 加工黒糖をバットに広げ、5が熱いうちにまぶす(e)。
＊ 4で生地を絞ったあと冷凍保存できる。凍結したまま揚げられる。

● 材料

水	145g
モラセスシュガー	6g
塩	少量
┌薄力粉	120g
└ベーキングパウダー	2g
全卵	45g
ショウガの絞り汁	20g
揚げ油	適量
加工黒糖	適量

a

b

c

d

e

焼き菓子を含蜜糖で味わい豊かに

Recipe：中野慎太郎［シンフラ］

● 材料　直径15㎝×高さ8㎝ クグロフ型3台分

黒糖クグロフ

材料	分量
生クリーム（乳脂肪分42%）	60g
加工黒糖A	50g
バター	200g
粉糖	130g
加工黒糖B	100g
全卵	185g
［薄力粉	185g
ベーキングパウダー］	3g
ラムレーズン	60g

バニラシロップ

材料	分量
水	150g
グラニュー糖	50g
バニラビーンズ	少量

黒糖グラサージュ

材料	分量
加工黒糖	125g
水	65g
粉糖	270g

下準備

- 型にポマード状にしたバター（分量外）をぬり、強力粉（分量外）をまぶす。

黒糖クグロフ

1 生クリームと加工黒糖Aを沸かし、冷ます。

2 ミキサーボウル（ビーター装着）にバターを入れて白っぽくなるまで立て、粉糖と加工黒糖Bを加えてさらに立てる。

3 全卵を少しずつ加えて混ぜ、粉類も加えて混ぜる。

4 1、ラムレーズンを順に加えて混ぜる。

5 型に入れ、170℃のオーブンで25分焼き、150℃に下げてさらに約25分焼く。

6 焼きあがったら（a）、すぐに7のバニラシロップを打つ。ラップで包んで冷ます。

バニラシロップ

7 水とグラニュー糖、バニラビーンズを沸かして冷ます。

黒糖グラサージュ

8 加工黒糖と水を沸かし、粉糖に加えて混ぜる（b〜d）。

仕上げ

9 6のクグロフを網にのせ、8の黒糖グラサージュをレードルでかける（e）。

10 200℃のオーブンにさっと入れて表面を乾燥させる。

a

b

c

d

e

加工黒糖

クグロフ

生地にも仕上げのグラサージュにも加工黒糖を使った、濃密な味わいのクグロフです。加工黒糖は甘味がやさしいので、上がけのグラサージュにおすすめです。

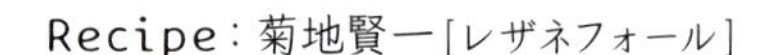

赤糖

赤糖の木の葉パイ

赤糖の滋味深い味わいをシンプルに楽しめるパイ。表面には赤糖だけでなくグラニュー糖もまぶし、赤糖の素朴な色合いとキラキラしたグラニュー糖の質感を両方生かしています。形はお好みに。

1. パート・フィユテを厚さ7㎜にのばし、全面に茶こしで赤糖をふる。これを3つ折りし、冷蔵庫で1時間休ませる。
2. 1を厚さ2㎜にのばし、長径6㎝木の葉型でぬく。
3. 170℃のオーブン（コンベクション）で約25分焼く。粗熱をとる。
4. バットにグラニュー糖と赤糖をそれぞれ入れる。3にまずグラニュー糖をまぶし、次に赤糖をたっぷりとまぶす（a・b）。

●材料

パート・フィユテ	適量
赤糖	適量
グラニュー糖	適量

●パート・フィユテ：強力粉、薄力粉各300g、あらかじめ合わせた水300gと溶かしバター40g、塩2gをミキサー（フック装着）の低速でまとまるまで混ぜる。台上でまとめて30㎝角にのばし、ラップで包んで冷蔵庫で1時間休ませる。折り込み用バター500gを麺棒でたたいて20㎝角にのばし、生地にのせて四隅から包む。生地をのばし、4つ折りを2回、3つ折りを2回する（1回折り込むたびに冷蔵庫で1時間休ませる）。

a

b

Recipe：西園誠一郎 [Seiichiro, Nishizono]

素焚糖　黒蜜　加工黒糖

タルト・ノワ・ノワール

和スイーツのイメージが強い黒糖や黒蜜ですが、このタルトを食べればその印象は吹き飛んでしまうはず。加工黒糖と黒蜜を浅く煮詰めておいしさそのままにキャラメルソースをつくり、たっぷりのナッツとからめてタルトに仕立てました。真黒な色合いの印象も強く、ショーケースでの注目度は抜群。パート・シュクレも素焚糖で味わい深く焼きあげ、キャラメルとうまくマリアージュさせました。

パート・シュクレ・カカオ

1 バターを細かくカットし、粉類を加えてサブラージュする（すり合わせてサラサラした状態にする）。素焚糖も加えて同様にする。
2 全卵を加えてまとめ、手のひらでさらにすり合わせる。
3 厚さ2mmにのばし、約9cm角にカットする（1枚30g）。7cm角タルト型に敷き込み、冷凍する。
4 170℃のオーブンで約16分空焼きする。

ガルニチュール

5 アーモンド、ペカンナッツ、マカダミアナッツを150℃のオーブンで約20分ローストする。オレンジピールのコンフィは適度に刻む。

キャラメル・ノワールのアパレイユ

6 黒蜜、加工黒糖、生クリーム、塩、バニラビーンズを鍋に入れ、112℃まで加熱する。
7 バターを加え、縦型ブレンダーで撹拌する。
8 5のガルニチュールを加え、からめるように混ぜる。

仕上げ

9 4のパート・シュクレ・カカオに8をたっぷり入れる。生地の縁に粉糖をふり、金箔を飾る。

●材料　15個分

パート・シュクレ・カカオ

バター……150g
薄力粉……227g
ココアパウダー……56g
素焚糖……100g
全卵……50g

ガルニチュール

アーモンド……120g
ペカンナッツ……120g
マカダミアナッツ……80g
オレンジピールのコンフィ……80g

キャラメル・ノワールのアパレイユ

黒蜜……300g
加工黒糖……300g
生クリーム（乳脂肪分35％）…300g
塩（ゲランド産）……6g
バニラビーンズ……1g
バター……128g

仕上げ

粉糖、金箔

●材料
直径18cmパン・ド・ジェンヌ型3台分

生地

全卵	160g
卵黄	60g
加工黒糖	125g
バニラエッセンス	2g
アーモンドパウダー	125g
卵白	100g
素焚糖	85g
薄力粉	60g
強力粉	60g
溶かしバター	105g

黒糖シロップ

A 加工黒糖	60g
A 水	40g
溶かしバター	58g
加工黒糖	8g
素焚糖	8g

バター、アーモンドスライス …… 各適量

下準備
- 型にポマード状バターをぬり、アーモンドスライスを貼りつける。

生地

1 全卵と卵黄、加工黒糖、バニラエッセンスを湯煎もしくは直火にあてて混ぜながら人肌まで温める。これを漉してミキサーボウル（ホイッパー装着）に移す。

2 1にアーモンドパウダーを加え、中速で白っぽくリボン状になるまで立てる（a）。ボウルに移す。

3 メレンゲをつくる。卵白を泡立てはじめ、5分立てになったら、素焚糖の⅓量を加える。砂糖を加えると気泡がいったん沈むが、ふたたび気泡が増してきたら次の⅓量を加えていく。しっかりとして密なツヤのあるメレンゲができる（b）。

4 2に3を一度に加えてゴムベラで混ぜる。

5 粉類を少しずつ加えて混ぜ、溶かしバターも加えて混ぜる（c）。

6 型に流し入れる。160℃のオーブンで約35分焼く。

黒糖シロップ

7 Aの加工黒糖と水を沸かしてシロップをつくる。これを溶かしバターと混ぜ合わせ、加工黒糖と素焚糖を加える（d）。

仕上げ

8 焼きあがったら（e）型からだし、すぐに7の黒糖シロップを1台につき40gずつ全面に打つ（f）。

加工黒糖　素焚糖

パン・ド・ジェンヌ

パン・ド・ジェンヌを加工黒糖の風味にアレンジした一品。卵黄には加工黒糖を、メレンゲは素焚糖をそれぞれ合わせてつくります。焼きあがりには加工黒糖と素焚糖、バターでつくるシロップをたっぷりと打ち、味を補強し、生地の乾燥も防ぎます。

Recipe：荒木浩一郎
[スイーツワンダーランド アラキ]

素焚糖　黒蜜

どんぐり

まさに素焚糖のコクを味わう焼き菓子。生地自体は素朴でやさしい味ですが、表面にたっぷりとまぶす素焚糖で味が完成します。他のどんな砂糖にもできない、素焚糖だからできる味の表現です。素焚糖は少し溶けにくいので、しっかり溶かすために、熱をつけた溶かしバターに加えてから生地に混ぜ込むのがポイント。

●材料　6.5㎝×5㎝
どんぐり型72個分

全卵	410g
素焚糖	75g
黒蜜	30g
バニラペースト	2g
薄力粉	270g
アーモンドパウダー	110g
ベーキングパウダー	7g
塩	1.5g
溶かしバター（70℃）	280g
キャノーラ油	130g
素焚糖	290g
素焚糖	適量

1 ボウルに全卵、素焚糖、黒蜜、バニラペーストを入れて泡立て器で混ぜ、人肌程度まで温めて溶かす（a）。
2 粉類を加えて混ぜる（b）。
3 溶かしバターとキャノーラ油に素焚糖を加えて混ぜて溶かす。これを2に加える（c）。常温で2時間休ませる。
4 型に絞り入れ（d）、180℃のオーブンで約20分焼成する。
5 粗熱がとれたら、素焚糖をたっぷりとまぶす。

a

b

c

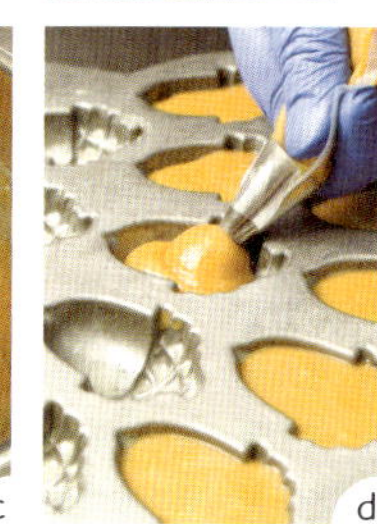
d

素焚糖

まきまき素焚糖パイ

クロワッサンの生地をコルネに巻きつけて焼くパイ。表面にたっぷりとまぶした素焚糖の味わいが豊かです。シンプルな仕立てのお菓子には、素焚糖のクレーム・パティシエールを合わせるのがおすすめ。

●材料　40本分

生地

生イースト	20g
牛乳	275g
中力粉	500g
グラニュー糖	25g
塩	10g
モルト	2.5g
発酵バター	275g
素焚糖	適量

クレーム・パティシエール

卵黄	80g
素焚糖	100g
薄力粉	35g
牛乳	400g
バター	80g

生地

1 生イーストを牛乳で溶く。
2 ミキサーボウル（フック装着）に発酵バターと素焚糖以外の材料を入れ、低速で3分、中速にして30秒練り混ぜる。
3 ボウルに移してラップをかけ、室温で45分発酵させる。
4 正方形にのばし、冷凍庫で45分休ませる。
5 発酵バターも正方形にのばし、4にのせて包む。3つ折りをし、冷凍庫で45分休ませる。これをあと2回くり返す。
6 厚さ2mmにのばし、冷凍庫で30分休ませる。
7 長さ20cm×幅2.5cmにカットする。
8 直径2cmのコルネにバター（分量外）を薄くぬり、7を巻きつける。
9 ぬれタオルの上で転がして表面をしめらせてから、素焚糖をたっぷりとまぶす(a)。
10 室温で1時間発酵させてから、180℃のオーブンで20～30分焼く。

クレーム・パティシエール

11 卵黄と素焚糖をすり混ぜ、薄力粉も加える。
12 牛乳を沸騰させ、11に加える。漉して鍋にもどし、クレーム・パティシエールを炊く。火をとめ、バターを加える。

仕上げ

13 10に12を絞り入れる。

a

含蜜糖で滋味あふれる和スイーツを

Recipe：荒木浩一郎［スイーツワンダーランド アラキ］

●材料　カップ10個分

わらび餅

わらび餅ミックス粉 ……… 600g
水 ……………………………… 400g
黒蜜 ………………………… 240g

黒糖ゼリー

加工黒糖 ……………………… 100g
ゲル化剤（AM-555） ……… 15g
水 …………………………… 500g

仕上げ

黒豆、うぐいす豆、白豆、小豆の煮豆 ………………………………… 適量
生クリーム（乳脂肪分43%）… 400g
グラニュー糖 ………………… 28g
きな粉1：素焚糖1
黒蜜

下準備

- きな粉と素焚糖を泡立て器で混ぜ合わせる。

わらび餅

1 材料すべてを混ぜ合わせ、銅鍋で炊きあげる（a）。平らに流し（b）、ラップで包んで冷やし固める（c）。
2 2cm角にカットする（d）。互いにくっつかないように包丁の刃にきな粉（分量外）をまぶしながら切るといい。

黒糖ゼリー

3 加工黒糖とゲル化剤をすり混ぜ、水に加える。沸騰させ、45℃まで冷ます。

仕上げ

4 カップに煮豆を入れ、3を高さ2cmまで流し入れる。冷やし固める。
5 生クリームを7分立てにし、4に1cmほど絞り入れる。
6 2のわらび餅に合わせたきな粉と素焚糖をまんべんなくまぶし（e）、5に10切れほど入れる。
7 黒蜜を添える。

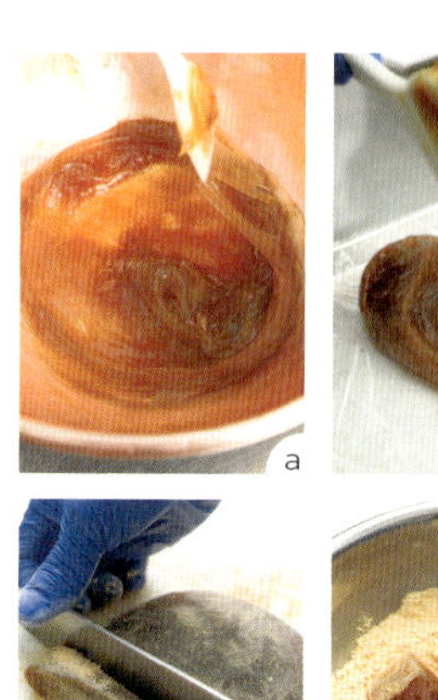

a

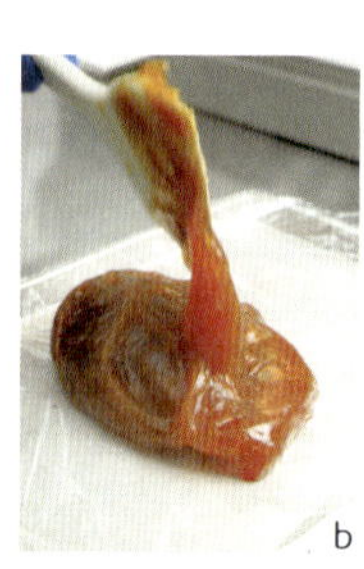

b

c

d

e

黒蜜　加工黒糖　素焚糖

素焚糖と黒蜜のわらび餅

含蜜糖尽くしの和のデザート。黒蜜を加えたわらび餅に素焚糖のきな粉をたっぷりとまぶし、生クリームと黒蜜で。黒蜜は別添えにして、食べる直前にかけてもらいます。

● 材料　直径6.5㎝×高さ3㎝
シリコンドーム型48個分

あんベース

粒あん	480g
黒糖寒天ベース（→下記）	50g
コーンスターチ	24g

抹茶生地

全卵	300g
卵白	128g
粉糖	180g
素焚糖	100g
塩	3g
黒糖寒天ベース（→下記）	13g
アーモンドパウダー	300g
抹茶	12g
お湯	50g
薄力粉	60g
溶かしバター	150g

黒糖寒天ベース　つくりやすい量

加工黒糖	100g
寒天（ル・カンテンウルトラ）	7g
水	100g

下準備

- 黒糖寒天ベースの材料すべてを合わせて沸騰させ、冷蔵庫で一晩冷やす。これを縦型ブレンダーで撹拌してペースト状にする。冷蔵庫で2週間保存可。

あんベース

1 粒あん、黒糖寒天ベース、コーンスターチを混ぜ合わせる(a)。

抹茶生地

2 ボウルに全卵、卵白、粉糖、素焚糖、塩、黒糖寒天ベースを入れ、人肌程度まで温めて砂糖を溶かす(b)。
3 アーモンドパウダーを加え、泡立て器で白っぽくなるまで立てる(c)。
4 抹茶をお湯で練って香りを十分にだし、3に加える(d)。
5 薄力粉を加えて混ぜ(e)、溶かしバターも加えて混ぜる(f)。

組み立て

6 型にあんベース11gを絞り(g)、抹茶生地25gを絞り入れる(h)。
7 170℃のオーブンで約25分焼く。

素焚糖 加工黒糖

エスプリ・ドゥ・ジャポネ

和素材の黒糖、あん、抹茶、寒天でつくる焼き菓子。黒糖のうまみが和素材の味を引きあげながらまとめます。「黒糖寒天ベース」は使い勝手のよい加工素材として常備。加工黒糖をいったん溶かしてペースト状にしておくことにより、溶けにくい性質をクリアし、いつでも手軽にクリームや生地に加えることができます。

●材料　直径9cm×高さ5cm
ココット11個分

黒糖スフレ生地

卵黄	45g
薄力粉	27g
牛乳	275g
加工黒糖	55g
卵白	180g
グラニュー糖	50g

抹茶スフレ生地

卵黄	42g
素焚糖	50g
薄力粉	25g
抹茶	8g
素焚糖	25g
牛乳	260g
卵白	180g
グラニュー糖	50g

仕上げ

大納言小豆	10粒／1個

下準備

- ココットにポマード状にしたバター（分量外）を厚めにぬり、素焚糖（分量外）をまぶす。

黒糖スフレ生地

1 卵黄と薄力粉をすり混ぜる。
2 牛乳と加工黒糖を沸騰させ、1に加える。漉して鍋にもどし、クレーム・パティシエールと同じ要領で炊く（a）。冷まし、360gを計量する。ここまで準備しておく。

抹茶スフレ生地

3 卵黄と素焚糖、薄力粉をすり混ぜる。
4 抹茶と素焚糖をよく混ぜ合わせ、沸騰した牛乳を加えてのばす。
5 あとは黒糖スフレと同様につくり（b）、360gを計量する。ここまで準備しておく。

仕上げ

6 黒糖スフレ生地、抹茶スフレ生地の卵白とグラニュー糖で、それぞれピンと角が立つしっかりとしたメレンゲをつくる。
7 2の黒糖スフレ生地、5の抹茶スフレ生地をそれぞれ人肌に温め直して混ぜてなめらかにし、6のメレンゲをそれぞれ1すくいずつ2回加えてゴムベラでよく混ぜ、残りを加えて底から返すように混ぜる（c・d）。
8 ココットに7の抹茶スフレ生地を絞り入れ（e）、大納言小豆を入れる（f）。さらに黒糖スフレ生地を絞り入れる（g）。
9 180℃のオーブンで約10分焼く。

加工黒糖　素焚糖

和風の二色スフレ

黒糖と抹茶の２層仕立てにし、大納言小豆を入れた贅沢スフレ。黒糖のスフレには加工黒糖、抹茶のスフレには素焚糖を入れて味のトーンを変えています。

砂糖は人間社会の活性化に貢献する

池谷裕二　薬学博士・東京大学薬学部教授

原始的な微生物も砂糖の甘味が大好き

砂糖は人間にとって基本となる栄養源。糖分はもっとも効率よく分解できるので、生体は生命を維持するために積極的に糖分を栄養素として選び、摂取してきました。細胞も砂糖の摂取に適したつくりをしています。

砂糖は口から体内に入ると、いち早く消化器系で吸収され、脳に届きます。栄養となる糖分が脳に届くことが、心理的な快感を与えているといわれています。もちろん舌で感じる甘味も快感を得ていますが、より根源的に「脳で感じている」のです。

甘味は舌で感じているのではなくて、脳で感じているといわれます。

甘味は、味覚の五味のなかでももっとも原始的なシグナルのひとつです。微生物にも栄養となる糖分を敏感に感じる細胞のアンテナがあります。これが進化の過程で、糖分を感じる舌の甘味受容体へと進化しました。私たちは舌の受容体で甘味や旨味を感じています。

実験的に、ネズミの舌から甘味受容体を取りのぞいてみると、甘味をまったく感じないネズミになります。ですが驚くことに、甘味受容体がないにもかかわらず、まだ砂糖を好んで食べるのです。つまり、甘いから好むのではなく、基本的な栄養源として脳が本能的に糖分を欲しているというわけです。

それほどまでに砂糖が好きなのに、なぜ砂糖は敬遠されるのでしょう?　人間には本能的な快楽を抑えることを美徳と考えるようなところがあります。たしかに過剰摂取が身体によくないことは事実ですが、適量を摂取することは何の問題もありません。むしろ、適量摂取こそが健康に必要なことです。

にもかかわらず「砂糖はけしからん」と忌み嫌い、甘い物を喜んで食べる人を蔑むようなことをいう。このように砂糖を悪者としてでっちあげることで、自分はモラルも自制心のある賢明な人間だとアピールすることを「スイートトーク」といいます。もちろん、これは本質からずれた自己陶酔にすぎません。逆にいえば、砂糖は「かわいさ余って憎さ百倍」になるほど人間にとっては重要だということの裏返しです。

私たちは誰でも、素直に自分の心に耳を傾ければ、本当は身体が砂糖を欲していることを知っています。甘い物を食べると身体の疲れがとれたり、心が安らいだり、幸せを感じたりします。だれもが甘い物を食べたいのです。需要があるからこそ世の中にこれだけお菓子屋さんがあるのに、「お菓子を我慢している私ってスゴい」という発想があること自体、どこか屈折したスタンスといえるのです。

池谷裕二（いけがや ゆうじ）

1970年生まれ。薬学博士。東京大学薬学部教授。神経科学および薬理学を専門とし、海馬や大脳皮質の可能性を研究。脳科学の知見を紹介する一般向けの著作も多数。

脳に砂糖が不足しているSOSが「自我消耗」

午後になって、仕事や勉強に疲れてくると、甘い物が食べたくなったり、コーヒーや紅茶に砂糖を入れたくなったりします。

こういう脳や身体からの要求を、砂糖嫌悪の旗印のもとに封じ込めることは、実は科学的にみても、まちがっていることがわかっています。

意外に思われるかもしれませんが、人間の精神力や自制心は、体力にも似て、有限のリソースです。体を酷使すれば疲れるように、精神力も使えば使うだけ消耗され、一時的に欠乏します。その結果、自制心がきかなくなることを「自我消耗」といいます。

疲れている時にイライラして人に当たってしまったり、モラルが低下して嘘をついてしまったり、何かを我慢していると他のことが我慢できなくなったり、冷静な判断ができなくなったりします。

このような自我消耗は、脳の栄養となる糖分が不足することによって生じます。だから、吸収の早い砂糖を摂取することで早く回復できるのです。

若い人ほど自我消耗を起こす傾向が強いのですが、おもしろいことに、若い人ほどコーヒーに砂糖を入れない傾向があります。コーヒーはブラックで飲むのがカッコいいと思っているのです。若い女性のダイエットも同じです。ダイエット中に怒りっぽくなったり、心身が不安定になったりした経験はありませんか。砂糖を摂らないことにより、自我消耗を増幅してしまっているのです。

砂糖が脳のエネルギーとなり、脳の機能を活性化させることを理解するのは重要なことです。私たちの研究室の実験から、糖分は脳の神経細胞間のシナプス結合を強くさせ「長期増強（LTP）」現象を起こし、記憶力を高める力があることもわかっています。仕事や勉強に集中したい時にブドウ糖を摂るとよいと世間でよくいわれている経験則を、科学的に証明したことになります。

また、山での遭難事故や震災のとき、アメやチョコレートで命をつないだという報告はたくさんあります。砂糖を摂ることによって、緊急事態に陥った時に栄養源としての側面はもちろん、正しい判断や適切な行動をとることも可能になるのです。

砂糖には、人の心を寛容にし、攻撃性を抑制する力があることも明らかになっています。砂糖をとって脳を活性化させることによって、人生や人間関係が活性化し、社会がうまく循環する。砂糖は人間社会に幸せをもたらし、貢献する万能食品といえます。

だから砂糖を商品に使うお菓子屋さんの仕事は「お客様の脳に直接作用することができる仕事」だと思うのです。

含蜜糖のコンフィズリー

Recipe：菅又亮輔［Ryoura］

●材料　13個分

素焚糖メレンゲ

卵白……100g
A
- 素焚糖……50g
- 加工黒糖……50g
- 乾燥卵白……4g

素焚糖……50g
加工黒糖……50g
アーモンドダイス（8割）……20g
素焚糖1：粉糖1

黒糖クリーム

生クリーム（乳脂肪分47％）…440g
クレーム・パティシエール……80g
（→P16）
黒蜜……16g
マーマレード……48g

ヘーゼルナッツ……適量
オレンジピール……適量

下準備

● ヘーゼルナッツは160℃のオーブンで約10分ローストしておく。

素焚糖メレンゲ

1 ミキサーボウル（ホイッパー装着）に卵白を入れて高速で泡立てはじめる。気泡が立ってきたら（a）、あらかじめ合わせたAを加えてさらに泡立てる（b）。密な気泡ができてしっかりとした角が立つメレンゲができる（c）。

2 素焚糖、加工黒糖、アーモンドダイスを加え、ゴムベラで均一になるまで混ぜる（d・e）。

3 口径15㎜の丸口金をつけた絞り袋に入れ、天板に長径約6㎝の薄めのだ円形に絞る（f）。

4 素焚糖と粉糖を合わせ、茶こしで2回ふる（g）。120℃のオーブンで2時間半～3時間乾燥焼きする（h）。

黒糖クリーム

5 生クリームを泡立て、クレーム・パティシエール、黒蜜、マーマレードを加えて混ぜる（i）。口径6㎜10切星口金をつけた絞り袋に入れる。

仕上げ

6 4の素焚糖メレンゲに5の黒糖クリームを絞ってサンドする（j）。

7 トレーにノリづけ用に5を少量絞り、6を立てる。上にも5を絞り、ローストしたヘーゼルナッツ、オレンジピールを飾る。

素焚糖 加工黒糖 黒蜜

素焚糖とオレンジのムラング・シャンティイ

素焚糖と加工黒糖の焼きメレンゲに、黒蜜のエッセンスをきかせたクリームをサンド。含蜜糖と相性のいいオレンジを添えました。メレンゲは泡立てたあとに、素焚糖や加工黒糖、アーモンドダイスをあとから加えることにより、メレンゲの気泡をいい状態に保つよう工夫。加工黒糖が溶けにくいことを逆手にとり、溶け残った加工黒糖を食感のアクセントとして残しています。

Recipe：菊地賢一［レザネフォール］

ムラング・シャンティイ ブラウンシュガー

よりシンプルなタイプのムラング・シャンティイ。卵白150gと乾燥卵白1gにグラニュー糖150gを少量ずつ加えてしっかりとしたコシのあるメレンゲをつくり、ブラウンシュガー150g、バニラビーンズ⅓～½本分を加えてゴムベラで混ぜる。星口金で絞って130℃のオーブンで約40分焼き、冷めてからクレーム・シャンティイをサンドする。長時間ショーケースに並べる場合は、メレンゲの底面に溶かしたミルクチョコレートを薄くぬり、クレーム・シャンティイの水分を吸わないようにするといい。

Recipe：西園誠一郎 [Seiichiro, Nishizono]

黒蜜　素焚糖

ヌガー・シュクル・ノワール

やわらかい歯ざわりで、ほろほろと崩れるようなヌガー。黒蜜と素焚糖をそれぞれの温度に煮詰め、泡立てた卵白に注ぎ入れてつくります。口に含むと濃厚な香り、そしておだやかな甘味が広がります。この味わいにはイチジクやアプリコットといった濃厚でコクがある甘さのセミドライフルーツが合います。ハチミツと砂糖でつくる南仏の伝統的なコンフィズリー、ヌガー・モンテリマールの技術を踏襲してつくっていますが、糖を含蜜糖に変えると、子どものおやつや、年配客にも人気が高い懐かしさを感じさせる砂糖菓子になりました。

●材料　44個分

冷凍卵白	50g
黒蜜	150g
素焚糖	350g
水	100g
クルミ	395g
セミドライイチジク	90g
セミドライアプリコット	90g

下準備

- クルミを縦に刻み、150℃のオーブンで約18分ローストする。
- セミドライイチジクとアプリコットを3mm角（クルミとおよそ同じ大きさ）にカットする。
- 打ち粉として、同割のコーンスターチと粉糖をふるい合わせておく。

1. ミキサー（ホイッパー装着）で冷凍卵白を軽く泡立てる。
2. 黒蜜を124℃まで加熱する。
3. 2と同時に、素焚糖と水を合わせて153℃まで加熱する。
4. 2の黒蜜が124℃になったら、1の卵白に泡立てながら加えてさらに泡立て続ける。
5. 次に3の素焚糖のシロップが153℃になったら、4に泡立てながら加える。すべて加えたら、ホイッパーからビーター に替え、50℃程度に冷めるまで撹拌する。
6. 50℃になったら、クルミ、セミドライのイチジク、アプリコットを加えて混ぜる。
7. 準備した打ち粉を台にふり、6を四方から2回ずつ折り込んで均等にガルニチュールが行きわたるようにする。長方形に整える。
8. 7.5cm×55cm×高さ1.5cmカードルに打ち粉をたっぷりとふり、7を押し込む。常温で24時間休ませる。
9. カードルをはずし、幅2.5cmにカットする。

Recipe：井上佳哉［ピュイサンス］

加工黒糖

カカ・ド・ユー

棒つきキャンディーのおやつのようなイメージのコンフィズリー。プラリネやチョコレートでつくったセンターを、加工黒糖のスイスメレンゲでおおいます。和菓子の落雁のような軽く口溶けのいい食感です。メレンゲは気泡の中に加工黒糖の香りを包み込むので、口溶けとともに香りをダイレクトに感じられます。

センター

1 プラリネ・ノワゼット、プラリネ・アマンド、インスタントコーヒーを混ぜ合わせ、ヌガティーヌも加える。
2 パート・ド・カカオ、ミルクチョコレート、ブラックチョコレートを合わせて溶かす。
3 1に2を加えて混ぜる。
4 60cm×40cmカードルに流し入れて冷ます。
5 6cm×3cmにカットし、竹串にさす。

スイスメレンゲ

6 ミキサーボウル（ホイッパー装着）に材料すべてを入れ、湯煎で45℃まで温めてから（a）、冷めるまでしっかりと泡立てる（b・c）。
7 5を6にくぐらせて全体をおおう。表面が完全に乾いてから、ココアパウダーをふる。

a

b

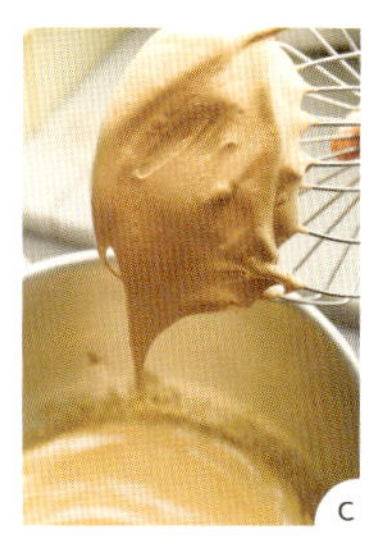
c

● 材料　150本分

センター

プラリネ・ノワゼット …… 600g
プラリネ・アマンド …… 400g
インスタントコーヒー …… 10g
ヌガティーヌ …… 250g
（フォンダン300g、アーモンド200g、水アメ200gの割合でローラーで挽いてペースト状にする）
パート・ド・カカオ …… 50g
ミルクチョコレート …… 15g
ブラックチョコレート …… 190g

スイスメレンゲ

卵白 …… 350g
加工黒糖 …… 415g
インスタントコーヒー …… 10g

仕上げ

ココアパウダー …… 適量

素焚糖

素焚糖のヌガー・プロヴァンサル

煮詰めた糖とハチミツでつくるハードタイプのヌガーを素焚糖でつくりました。ハチミツの風味やナッツとの相性もよく、ヌガー・プロヴァンサルのバリエーションとしてどうぞ。

ブラウンシュガー

クルミのシュクレ・サレ

ゲランドの塩をきかせたクルミを、コクのある甘味をもつブラウンシュガーでコーティング。風味も色合いもよくでます。糖化後も加熱し続け、溶けた糖をさらに焦がしてキャラメリゼし、香味を立ててガリッとした歯ごたえにしてもいいでしょう。コンフィズリーとしても完成していますが、生地ものや焼き菓子に混ぜ込んでも味と食感のいいアクセントになります。

素焚糖のヌガー・プロヴァンサル

Recipe：井上佳哉［ピュイサンス］

●材料　50個分

素焚糖	225g
ハチミツ	150g
転化糖	10g
水	60g
アーモンド	375g
ドレンチェリー	170g
ピスタチオ	40g
ウエハース	適量

下準備

- 60cm×40cm×高さ4cmカードルの底にウエハースを敷き詰める。

1. 素焚糖、ハチミツ、転化糖、水を合わせて148℃まで加熱する（a）。
2. アーモンド、ドレンチェリー、ピスタチオを加えてからめる。
3. 準備したカードルに2を流し入れる。
4. 上にもウエハースをのせ、平らにする。
5. 冷めて固まったら、3.5cm×2cmにカットする。

a

クルミのシュクレ・サレ

Recipe：井上佳哉［ピュイサンス］

●材料　つくりやすい分量

クルミ	500g
塩（ゲランド産）	7g
ブラウンシュガー	335g
水	75g

1. クルミを180℃のオーブンで約15分ローストし、塩をふる。
2. ブラウンシュガーと水を118℃まで加熱する（a）。
3. 1を銅鍋に入れ、2を加えて混ぜる（b）。
4. 全体に糖衣がからんだら、弱火にかけて混ぜ続けながら糖化させる（c）。

a

b

c

カフェでも、レストランでもデザートに含蜜糖を

Recipe：横田秀夫［菓子工房オークウッド］

●材料　30人分

黒糖アイスクリーム

牛乳	840g
生クリーム	360g
加工黒糖	200g
卵黄	260g
素焚糖	150g

ヘーゼルナッツのパータフィロ

パータフィロ	1枚
溶かしバター	適量
素焚糖	45g
ヘーゼルナッツ	40g

黒糖アイスクリーム

1 牛乳、生クリーム、加工黒糖を合わせて沸騰させる。
2 卵黄と素焚糖をすり混ぜ、1を加えて混ぜる。
3 鍋にもどして火にかけ、とろみがつくまで混ぜながら加熱する。裏漉しする。
4 冷やしてから、アイスクリームマシーンにかける。

ヘーゼルナッツのパータフィロ

5 天板にシリコンマットを敷き、パータフィロをのせる。
6 溶かしバターをハケで薄くぬり(a)、素焚糖をまんべんなくふる(b)。
7 きざんだヘーゼルナッツをちりばめる(c)。全体に霧吹で水を吹きつける(d)。
8 180℃のオーブンで7～8分焼く(e)。

仕上げ

9 8のヘーゼルナッツのパータフィロを適当な大きさに割り、皿におく。上に4の黒糖アイスクリーム(f)を大きめなスプーンでクネルにとってのせ、上にもヘーゼルナッツのパータフィロをのせる。

加工黒糖　素焚糖

素焚糖アイスクリーム＆ヘーゼルナッツのパータフィロ

素焚糖と加工黒糖のアイスクリームは甘みがおだやかで、飽きのこないおいしさ。素焚糖をふり、香ばしくカリカリと軽い食感に焼きあげたパータフィロを添えます。

● 材料　約20人分

赤糖のアイスクリーム
つくりやすい量

卵黄 ……180g
赤糖A ……160g
牛乳 …… 500g
生クリームA ……100g
（乳脂肪分42%）
生クリームB …… 450g
赤糖B ……150g

ヘーゼルナッツのプラリーヌ

ヘーゼルナッツ ……100g
赤糖 …… 45g
水 …… 60g

きな粉のクランブル

バター …… 85g
薄力粉 …… 110g
アーモンドパウダー …… 65g
グラニュー糖 …… 80g
赤糖 …… 30g
きな粉 …… 25g

黒蜜のジュレ

水 ……100g
黒蜜 …… 10g
アルギン酸ナトリウム …… 2.5g
┌水 …… 300g
└塩化カルシウム …… 3g
黒蜜 …… 適量

アパレイユ

全卵 ……4個
赤糖 …… 80g
牛乳 ……500g
生クリーム ……100g

仕上げ

赤糖 …… 適量

赤糖のアイスクリーム

1　卵黄と赤糖Aをすり混ぜ、沸騰させた牛乳と生クリームAを加える。漉して鍋にもどし、ソース・アングレーズを炊く。冷やし、生クリームBを加える。
2　1をアイスクリームマシンにかけ、できあがりに赤糖Bを混ぜる。

ヘーゼルナッツのプラリーヌ

3　ヘーゼルナッツは160℃のオーブンで約15分ローストする。
4　赤糖と水を120℃まで加熱する。
5　3を加え、結晶化するまでよく混ぜる。

きな粉のクランブル

6　材料すべてをひとかたまりになるまで混ぜ合わせる。
7　厚さ1㎝にのばし、冷蔵庫で冷やし固める。1㎝角にカットする。
8　170℃のオーブンで15～20分焼く。冷めてからくだく（a）。

黒蜜のジュレ

9　水と黒蜜、アルギン酸ナトリウムを縦型ブレンダーで混ぜる。
10　水に塩化カルシウムを加えて混ぜる。
11　9を注射器で吸い取り、10に落として直径5㎜の球状に固める。
12　ザルにあげて水を切り、冷水ですすぐ。
13　12と黒蜜をからめる（b）。

アパレイユ

14　全材料を混ぜ、漉す。

仕上げ

15　ブリオッシュを長方形にカットし、アパレイユにしっかり浸す（c）。フライパンにバター（分量外）を溶かして焼く。
16　15に赤糖をふり、バーナーで表面をキャラメリゼする。
17　器に赤糖を茶こしでふり、コームで模様をつける。16を盛りつけ、2の赤糖のアイスクリームをスプーンでクネルにとって盛りつける。5のヘーゼルナッツのプラリーヌ、8のきな粉のクランブルをちらす。13の黒蜜のジュレをかける。

a

b

c

赤糖のブリオッシュ　● 18.5㎝×7.5㎝パウンド型2本分

1 強力粉280g、赤糖50g、卵黄74g、インスタントドライイースト5g、塩5g、牛乳104g、水30gを低速3分、中速5分練り混ぜ、やわらかくしたバター154gを加えて低速3分、中速5分、高速1分練る（こねあげ温度23～24℃）。2 室温で2倍大になるまで60～90分発酵させる。3 ガスを抜いて冷蔵庫で一晩休ませる。4 2分割し、俵形にして型に入れる。28～30℃で60～90分発酵させる。5 200℃のオーブンで25～30分焼く。

赤糖 黒蜜

赤糖フレンチトースト

フレンチトーストを赤糖で上品に仕上げ、赤糖尽くしのアイスクリーム、ヘーゼルナッツのプラリーヌ、きな粉のクランブルを添えたデザートの一皿。黒蜜のジュレをソースがわりにかけます。

加工黒糖　赤糖　黒蜜　素焚糖　モラセスシュガー

砂糖の釜

さとうきびの搾り汁を煮詰めてつくる含蜜糖をイメージし、煮詰め釜をデザートとして表現しました。一番底にはもっとも味の濃いモラセスシュガーを入れ、加工黒糖、赤糖、黒蜜を使った各種パーツを盛りつけ。たっぷりとのせた素焚糖の泡は、煮詰め釜のぐらぐらと煮立った情景を思い浮かばせます。

素焚糖

睡蓮

レストランの食後のデザートの一皿。池に浮かぶ睡蓮をイメージしています。上品でありながら、素焚糖の滋味にあふれています。

●材料　10人分

黒糖パンナコッタ

生クリーム（乳脂肪分42％）…500g
牛乳……260g
加工黒糖……132g
板ゼラチン……8g
モラセスシュガー……2g/1皿

赤糖のアイスクリーム
つくりやすい量

卵黄……180g
赤糖A……160g
牛乳……500g
生クリームA……100g
生クリームB……450g
赤糖B……150g

黒蜜のグラニテ

黒蜜……60g
水……350g

赤糖のジュレ

赤糖……50g
水……350g
ゲル化剤（パールアガー8）…20g

黒蜜のジュレボール

A
- 黒蜜……75g
- 水……75g
- 増粘安定剤（シャンタナ）…1.2g
- グルコ……4.5g

B
- 水……500g
- アルギン酸ナトリウム……15g

素焚糖の泡

素焚糖……25g
黒蜜……15g
水……200g
レシチン……1.2g

仕上げ

モラセスシュガー……適量

黒糖パンナコッタ

1 生クリームと牛乳、加工黒糖を沸かし、火をとめてゼラチンを加えて溶かす。漉し、冷やす。

2 器の底にモラセスシュガーを2gずつ入れ、1を流し入れる。冷蔵庫で冷やし固める（a）。

赤糖のアイスクリーム

3 P76「赤糖フレンチトースト」1～2と同様につくる（b）。

黒蜜のグラニテ

4 材料を混ぜてバットに流し、冷蔵庫で凍らせる。フォークで削る（c）。

赤糖のジュレ

5 鍋に材料すべてを入れ、よく混ぜ合わせてから火にかけて沸かす。

6 バットに厚さ1cmに流し、冷やし固める。1cm角にカットする（d）。

黒蜜のジュレボール

7 深めの容器にAを入れて縦型ブレンダーで混ぜる。真空調理用の袋に入れ、真空にして空気を抜く。

8 Bの材料を縦型ブレンダーで混ぜる。

9 8に7をスプーンですくって落とし（e）、5分くらい浸けてボール状にする。

10 冷水に取りだしてすすぐ。

素焚糖の泡

11 深めの容器に材料を入れ、縦型ブレンダーで混ぜる。

仕上げ

12 2に赤糖のジュレをのせ、黒蜜のジュレボール2個、黒蜜のグラニテ、赤糖のアイスクリームを盛りつけ（f）、モラセスシュガーをひとつまみのせる。

13 11の素焚糖の泡の容器に水槽用のポンプを入れて泡立て（g）、12にたっぷりとのせる。

a

b

c

d

e

f

g

●材料　10人分

素焚糖のキューブアイス
つくりやすい分量

卵黄 …… 3個分
素焚糖 …… 40g
生クリームA …… 125g
（乳脂肪分42％）
バニラビーンズ …… ¼本
生クリームB …… 125g
素焚糖 …… 適量
板ゼラチン …… 3.5g

ゼラニウムのジュレ

素焚糖 …… 20g
グラニュー糖 …… 10g
水 …… 230g
ローズゼラニウムの葉 …… 5g
板ゼラチン …… 3.5g
レモン汁 …… 2g

粒々ジュレ　つくりやすい量

素焚糖 …… 10g
グラニュー糖 …… 40g
水 …… 100g
アルギン酸 …… 2.3g
［水 …… 300g
塩化カルシウム …… 3g］

仕上げ

メロン …… 6枚／1皿
素焚糖 …… 適量
サクランボ …… 3個／1皿
ナスタチウム、ペンタス、ナパージュ・ヌートル

素焚糖のキューブアイス

1 卵黄と素焚糖をすり混ぜ、沸騰させた生クリームAとバニラビーンズを加える。漉して鍋にもどし、ソース・アングレーズを炊く。冷やし、生クリームBを加える。
2 バットに厚さ1.5cmに流し、150℃のオーブンで50～60分湯煎焼きする。冷蔵庫で冷やす。
3 素焚糖を表面にふり、バーナーでキャラメリゼする。
4 3をフードプロセッサーにかけてペースト状にする。
5 鍋に移して火にかけて温め、ゼラチンを加えて溶かす。
6 再度バットなどに流し、冷凍庫で冷やし固める。サクランボの種に大きさをそろえてカットする（a）。

ゼラニウムのジュレ

7 素焚糖、グラニュー糖、水を沸かし、ローズゼラニウムの葉をきざんで入れる。フタをして15分おいて香りを移す。
8 ゼラチン、レモン汁を加える。
9 漉し、冷やし固める。ほぐして使う（b）。

粒々ジュレ

10 素焚糖、グラニュー糖、水を沸かしてシロップをつくる。
11 10にアルギン酸を加え、縦型ブレンダーで混ぜる。
12 水と塩化カルシウムを混ぜる。
13 11を注射器で吸い取り、12に1滴ずつ落として球状のジュレをつくる。水を切り、水ですすぐ。

仕上げ

14 メロンを薄くスライスし、直径2cm丸型でぬく。茶こしで素焚糖をふってしばらくおく（c・d）。
15 サクランボの種を取りのぞき、そこに6の素焚糖のキューブアイスを入れる（e）。
16 9のゼラニウムのジュレを器に盛り付ける。14、15、ナスタチウム、ペンタス、13の粒々ジュレを盛りつける。ナスタチウムの上に水滴のようにナパージュを絞る。

a

b

c

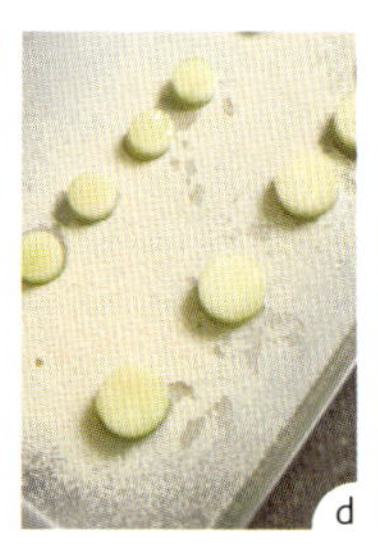
d

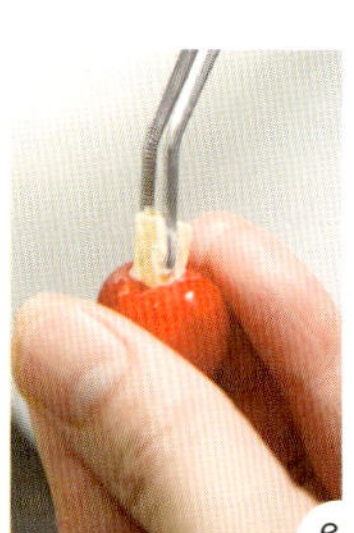
e

Recipe：横田秀夫

［菓子工房オークウッド］

素焚糖　黒蜜

ココナッツのパンナコッタと黒蜜ソース

黒蜜は適度な濃度があり、ソースとしてそのまま利用できます。相性のいいココナッツでパンナコッタをつくり、マンゴーとナタデココでトロピカルなカフェ向きデザートに仕上げました。

●材料　6人分

パンナコッタ

牛乳	240g
生クリーム（乳脂肪分38％）	100g
バニラビーンズ	½本
板ゼラチン	6g
ココナッツピュレ	200g
素焚糖	60g

仕上げ

マンゴー	3切れ／1皿
ナタデココ	3個／1皿
クルミ	1個／1皿
黒蜜	20g／1皿

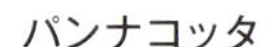

パンナコッタ

1 牛乳、生クリーム、バニラビーンズを合わせて沸騰させ、もどしたゼラチンを加えて溶かす。

2 ココナッツピュレ、素焚糖を加えて混ぜ、漉す。

3 ボウルを氷水にあててとろみがでるまで冷やす。直径5.5cm×高さ4cmプリンカップに入れ、冷蔵庫で冷やし固める（a）。

a

仕上げ

4 3をお湯に浸けて型からぬき、皿に盛りつける。

5 マンゴー、ナタデココ、砕いたクルミを添え、黒蜜をかける。

第2章

砂糖と含蜜糖の魅力[知識編]

木村成克　大東製糖株式会社　代表取締役社長

砂糖の分類

砂糖とは

何からできている?

大切にしたい砂糖の栄養

砂糖はこうやってつくられる

砂糖の甘味は奥が深い

お菓子をおいしくする砂糖の機能

1. 砂糖の分類

砂糖にはたくさん種類があり、その特徴や製菓物性もさまざま。みなさんはふだん砂糖を何種類使っていますか？　砂糖をうまく使い分けると、お菓子づくりの可能性が広がります。

砂糖は製法上、「含蜜糖（がんみつとう）」と「分蜜糖（ぶんみつとう）」の２つに大きく分かれます。また、さとうきびや甜菜（てんさい）といった原料によっても違いがあります。 本書は「含蜜糖」をテーマとしていますが、砂糖を広く知り、パティスリーのケーキづくりに役立つよう、本章では砂糖全体を展望できる内容としています。

含蜜糖				① 黒糖（黒砂糖） ② 加工黒糖 ③ 赤糖 ④ カエデ糖（メープルシュガー）
含蜜糖	その他			⑤ 素焚糖 ⑥ モラセスシュガー ⑦ カソナード
分蜜糖	粗糖	精製糖	双目糖（ざらめとう） （ハードシュガー） 大きな結晶の砂糖	① 白双糖（しろざらとう） ② 中双糖（ちゅうざらとう） ③ グラニュー糖
分蜜糖	粗糖	精製糖	車糖（くるまとう） （ソフトシュガー） 結晶が微細でしっとりした砂糖	④ 上白糖 ⑤ 三温糖
分蜜糖	粗糖	精製糖	加工糖 双目糖を材料として、さらに成形、再結晶などの加工をした砂糖	⑥ 氷砂糖 ⑦ 角砂糖 ⑧ 顆粒糖（フロストシュガー） ⑨ 粉砂糖（粉糖） ⑩ コーヒーシュガー
分蜜糖	粗糖	精製糖	⑪ 和三盆糖	
分蜜糖	粗糖	精製糖	液糖	⑫ 蔗糖型液糖 ⑬ 転化型液糖
分蜜糖	耕地白糖 生産地でつくる白砂糖			⑭ ビート白糖 （ビート糖、甜菜糖）

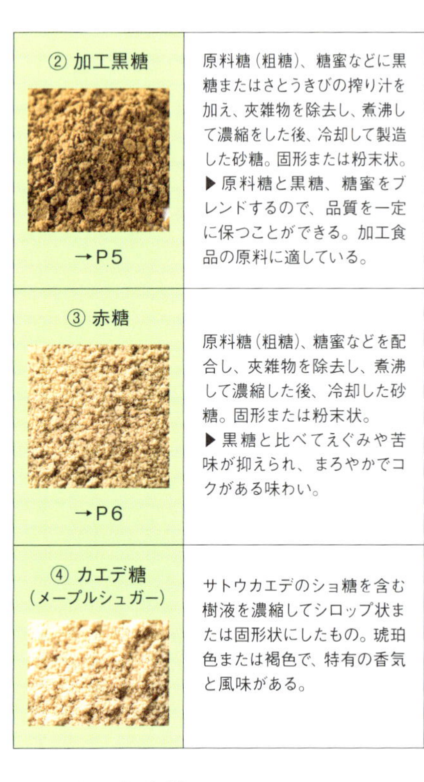

② 加工黒糖 →P5	原料糖（粗糖）、糖蜜などに黒糖またはさとうきびの搾り汁を加え、夾雑物を除去し、煮沸して濃縮をした後、冷却して製造した砂糖。固形または粉末状。 ▶ 原料糖と黒糖、糖蜜をブレンドするので、品質を一定に保つことができる。加工食品の原料に適している。
③ 赤糖 →P6	原料糖（粗糖）、糖蜜などを配合し、夾雑物を除去し、煮沸して濃縮した後、冷却した砂糖。固形または粉末状。 ▶ 黒糖と比べてえぐみや苦味が抑えられ、まろやかでコクがある味わい。
④ カエデ糖 （メープルシュガー）	サトウカエデのショ糖を含む樹液を濃縮してシロップ状または固形状にしたもの。琥珀色または褐色で、特有の香気と風味がある。

含蜜糖

① 黒糖（黒砂糖）  →P5	さとうきびの搾り汁を中和、沈殿などによって不純物を除去し、煮沸して濃縮した後、糖蜜分の分離などの加工をせずに、冷却した砂糖。固形または粉末状。 ▶ さとうきびの搾り汁をそのまま煮詰めた、濃厚な甘さと強い風味が特徴。かりんとう、駄菓子、蒸しパン、黒蜜などによく使われる。

その他の含蜜糖

⑤ 素焚糖（すだきとう） →P5	奄美諸島産のさとうきび原料だけを使用し、さとうきび本来の風味と味わいを生かした淡い琥珀色の砂糖。 ▶ やさしい甘さが特徴で、料理、菓子、コーヒー、紅茶と用途を選ばずに幅広く使用できる。
⑥ モラセスシュガー →P6	独特の苦味とキレのある甘さで、深いダークブラウンのしっとりとした風合いの砂糖。製造工程で砂糖を焦がすことで生まれる味わいが特徴的。 ▶ マフィン、クッキーなどに使用される。
⑦ カソナード	サトウキビからつくられる未精製の砂糖。 ▶ クレーム・ブリュレのキャラメリゼなどによく使われる。

分蜜糖

① 白双糖	結晶が大きく、ショ糖分の含有量が非常に高い、無色透明の砂糖。淡白で上品な甘さで、高級な菓子類、リキュールに使われる。
② 中双糖	結晶の大きさは白双糖とほとんど同じで、製造工程で加熱をくり返すことにより黄褐色を帯びた砂糖。独特のコクと比較的ゆっくりと溶ける性質を持ち、おもに料理では煮物、漬物、佃煮に使われる。綿菓子やカルメ焼きにも使う。
③ グラニュー糖	高ショ糖分、低還元糖、低灰分が特徴。世界でもっとも使用量の多い砂糖で、海外で「砂糖」といえばグラニュー糖を意味する。クセがない淡白な甘さで、洋菓子、コーヒーや紅茶などに幅広く使われる。
④ 上白糖	日本でもっとも一般的に使用されている日本固有の砂糖。結晶の大きさはグラニュー糖より小さく、結晶表面に砂糖からつくった転化糖液を噴霧するため、しっとりとしている。日本料理には欠かせない砂糖。
⑤ 三温糖	しっとりとした食感の褐色の砂糖。上白糖に比べてコクがあり、甘味が強く感じられる。この特徴を生かし、おもに料理の煮物や佃煮などに使われる。
⑥ 氷砂糖	ショ糖液から長時間かけて再結晶させた大きなブロック状（ロック氷糖）、あるいは結晶状（クリスタル氷糖）の砂糖。純度は高く、溶けるのに時間がかかる。
⑦ 角砂糖	グラニュー糖に砂糖液を加えてかき混ぜ、それを型に入れて押し固め、温風で成型乾燥したもの。
⑧ 顆粒糖（フロストシュガー）	原料のグラニュー糖を粉砕して微粉状にし、霧吹きで加湿してよく練り混合した後、成型造粒した砂糖。温風で乾燥した砂糖。あるいは原料の砂糖液を噴霧乾燥し、顆粒状にしたもの。
⑨ 粉砂糖（粉糖）	原料のグラニュー糖を粉砕して微粉状にした砂糖。固結防止に微量のデンプンやオリゴ糖を加えたものもある。
⑩ コーヒーシュガー	氷砂糖の一種で、カラメル溶液を加えて茶褐色に着色した砂糖。コーヒーに入れると徐々に溶け、飲むにしたがって甘味が増すように感じる。
⑪ 和三盆糖	日本の伝統的な製法でつくる黄褐色の砂糖。粒子が非常に小さく、口溶けがいいので、高級和菓子に使われる。
⑫ 蔗糖型液糖 ⑬ 転化型液糖	⑫グラニュー糖や上白糖を溶かし、濃度を調整したもの。あるいは精製工程で糖液を清浄して、ショ糖以外の成分を除去し、濃度を調整したもの。⑬グラニュー糖や上白糖の溶液あるいは精製工程で清浄して得た糖液をイオン交換樹脂や酸でショ糖の一部を加水分解し、濃度を調整したもの。
⑭ ビート白糖（ビート糖、甜菜糖）	寒帯から亜寒帯の地域で栽培されている甜菜を原料に、甜菜の栽培地域の製糖工場で原料糖をつくらず、製品となる「甜菜白糖」を直接製造する。北海道で生産される甜菜白糖は、製品としてグラニュー糖や上白糖があり、品質的に精製糖のグラニュー糖や上白糖とほとんど同じ。

※「ブラウンシュガー」は一般的に茶色い砂糖の総称。製品により含蜜糖も分蜜糖もある。

<参照>
日本黒砂糖協会
砂糖を科学する会　砂糖の知識
社団法人糖業協会、精糖工業会　砂糖百科（2003年3月）
精糖工業会　砂糖の「消費者対応マニュアル」（2009年3月）
松林孝至　砂糖の辞典（2009年8月）
消費者庁食品表示課：食品表示にかんするQ＆A（2010年3月）

2. 砂糖とは

砂糖の特徴は甘いだけではありません。どういう食品なのかを一から知りましょう。

砂糖は、植物から取りだされた『ショ糖』(スクロースsucrose)を主成分とする甘味物質(調味料)です。

砂糖の成分は?

- 大部分がショ糖(グラニュー糖で100%、上白糖で約98%、加工黒糖で約90%、黒糖で約80%)。
- その他のおもな成分としては、還元糖(ブドウ糖、果糖)、水分があります。
- 含蜜糖(黒糖、加工黒糖、赤糖)では、微量成分としてミネラル分や香気成分、色素成分(ポリフェノールなど)を含みます。

一般名	ショ糖	還元糖 (ブドウ糖、果糖)	水分	その他
グラニュー糖	100.0%	0.0%	0.0%	0.0%
上白糖	97.7%	1.5%	0.8%	0.0%
赤糖	93.0%	3.5% (他の糖類を含む)	2.5%	灰分:0.7%、 タンパク質:0.3%
加工黒糖	90.0%	5.2% (他の糖類を含む)	3.0%	灰分:1.3%、 タンパク質:0.5%
黒糖(黒砂糖)	80.0%	9.7% (他の糖類を含む)	5.0%	灰分:3.6%、 タンパク質:1.7%

【表:砂糖の成分値例に基づいた推定値】

砂糖の「化学的」性質

- ブドウ糖と果糖が結合(2つの-OH基から水(H_2O)が取れて、-O-が残る:α1-2グルコシド結合)した二糖類です。
- ブドウ糖や果糖には、反応性が高い部分(還元基)がありますが、ショ糖はそれぞれの還元基から水が取れて結合した構造をしています。ショ糖は還元基を持たないので、ブドウ糖など還元糖と比較してアミノ酸などに対して安定します。これはメイラード反応を起こしにくいことを意味します。
- ショ糖には分子のまわりに8個の水酸基(-OH)があるので、水(H_2O:H-O-H)ととても仲がよいです。これは親水性が高いことを意味します。
- 砂糖は中性物質です。また、水溶液は電気を通しません(非電解質になります)。
- 加熱すると分解して褐色~黒色に変化します。

砂糖はブドウ糖と果糖の結合体です

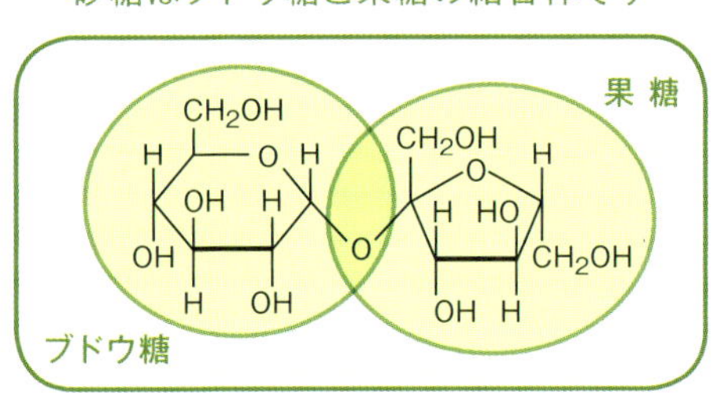

【図:ショ糖の化学構造】

砂糖は煮詰める温度で色調が変わり、190℃でカラメルになります

温度		調理名
103~105℃		シラップ
107~115℃		フォンダン
115~121℃		キャラメル
140℃		タフィー
145℃		ドロップ
165℃		べっこう飴
165~180℃		カラメルソース
190℃		カラメル

※200℃以上では炭化する。

【表:加熱温度と砂糖の色調変化】
(参考文献)砂糖を科学する会:砂糖の知識, p.8, 2005.

砂糖の「物理的」性質

- ショ糖の結晶は、無色透明です。砂糖が白くみえるのは、結晶に当たった光が乱反射するからです。
- ショ糖は水によく溶けます。20℃で100gの水に196.9gのショ糖が溶解します。溶解度は温度の影響を受けます。
- 砂糖はアルコール（エタノール）には溶けにくいです（17.5℃で95%エタノールにおける飽和濃度は0.15%）。

砂糖は水に溶けやすく、温度を上げるとより多く溶けます

温 度	10℃	30℃	50℃	70℃	90℃
飽和溶液100g中のショ糖（g）	65.3	68.2	72.1	76.5	81.0

【表：ショ糖の水に対する溶解度】
（参考文献）精糖技術研究会：精糖便覧，増補改訂版，p.542，1962.

砂糖の「生物的」性質

- ショ糖の起源：ショ糖は光合成によって植物でつくられ、デンプンと同様に植物自身の栄養源となりますが、デンプンと異なり、甘味があり、ただちに栄養になります。ホウレンソウや豆類（枝豆など）、トウモロコシの甘味の主体はショ糖です。
- 発酵性：ショ糖は微生物にとって非常に利用しやすい栄養源で、一般生菌から酵母、カビなど、さまざまな微生物の栄養になります（→P97「発酵促進」）。
- 高濃度のショ糖液は水分活性が低いので、微生物の増殖を抑えることができます（→P96「腐敗防止」）。

3.何からできている？

砂糖のおもな原料はさとうきびと甜菜。これらはどのような植物で、どこでどのように栽培されているのでしょうか。

砂糖の原料は、さとうきび（甘蔗（かんしょ））、甜菜（ビート）、サトウカエデ、サトウヤシなどの植物です。

栽培適地が広く大量生産ができること、砂糖の主成分であるショ糖を効率的に抽出できることから、おもにさとうきび、甜菜から砂糖がつくられています。

日本で消費される砂糖のうち60%はさとうきび由来の原料を使用しています。国内原料の内訳は85%が甜菜、15%がさとうきびです。

さとうきび（甘蔗）

さとうきびはイネ科の植物で、茎の太さは2.5～5㎝、高さは3m以上になります。高温多湿を好む熱帯性植物で、平均気温が20℃以上の地域でよく育ちます。

海外ではブラジル、インド、中華人民共和国、パキスタン、メキシコ、タイ、コロンビア、オーストラリアなどで栽培され、日本ではおもにタイとオーストラリアから、さとうきびを加工した原料糖を輸入しています。日本国内では沖縄や鹿児島（奄美地方）で栽培されています。

さとうきびの生育期間は9～18ヵ月で夏場に成長させ、冬場（北半球で11～3月ごろ、南半球では6月～12月ごろ）に収穫されます。収穫期のさとうきびは茎部分に14～19%のショ糖を蓄えています。

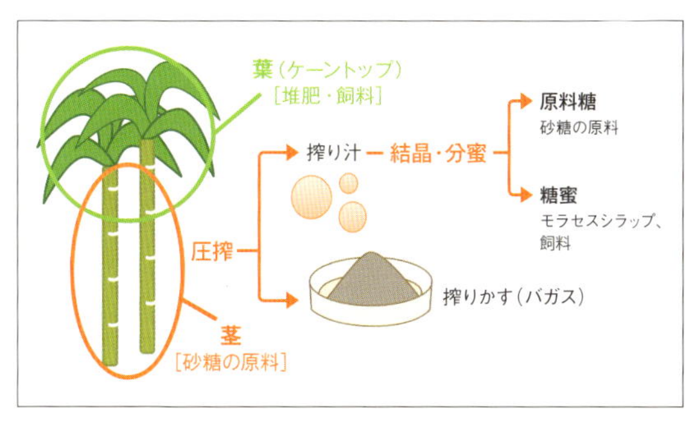

甜菜（ビート）

甜菜は砂糖大根とも呼ばれ、大根に似た形をしています。植物学上はアカザ科（ホウレンソウの仲間）で、根茎の直径は7～11㎝、長さは15～20㎝程度です。

比較的涼しいところでよく育ち、海外ではフランス、ドイツ、カナダ、日本では北海道で栽培されています。収穫時期は10月～11月ごろで、生育期間は 約6カ月です。収穫期の甜菜は大根のような太い根の部分に10～16%のショ糖を蓄えています。

その他の砂糖原料

さとうきびと甜菜以外にも、サトウカエデやサトウヤシからも砂糖は製造されています。

サトウカエデはカエデ科の落葉高木で、おもにアメリカ、カナダで生育しています。樹液は2～5%のショ糖を含み、煮詰めて独特の風味を持つメープルシロップやメープルシュガーがつくられます。

サトウヤシ（オオギヤシ、ココヤシ）はヤシ科の常緑高木で、おもにマレーシアやインドネシアで栽培されています。樹液は15～16%のショ糖を含み、煮詰めると濃い褐色の砂糖ができます。これはヤシ糖と呼ばれ、東南アジアで食べられています。

column❶ —— 人類と砂糖のかかわり

さとうきびの祖先（栽培種の原種）は、紀元前1万5000～8000年にニューギニア周辺で誕生したといわれています。その後インドに持ち込まれ、紀元前400 年ごろまでにインドでさとうきびの知識が広まりました。「sugar」の語源とされている、サンスクリット語（梵語）でさとうきびを意味する「Sarkara（サルカラ）」が登場したのもこのころです。

西欧文化が砂糖を知ったとされるのは、紀元前327年のアレキサンダー大王のインド遠征です。これをきっかけとして中東へ広がり、5～6 世紀にはペルシャ（現在のイラン周辺）で砂糖がつくられていたとの記録があります。11世紀後半の十字軍の遠征により、地中海（ヨーロッパ）の国々へも砂糖が広まっていきました。

その後、15世紀半ばからの大航海時代により、アメリカ大陸（新大陸）にもさとうきびがもたらされました。またこのころには、西インド諸島で量産された砂糖がヨーロッパに盛んに輸出されるようになりました。

4. 大切にしたい砂糖の栄養

心身の健康に欠かせない砂糖。とくに含蜜糖にはミネラル分も豊富に含まれています。

砂糖は5大栄養素＝糖質（炭水化物）、脂質、たんぱく質、ビタミン、ミネラルのひとつである、糖質に含まれます。 5大栄養素のどれかひとつが欠けても身体はうまく機能しないので、バランスよく摂る必要があります。誤った情報にふりまわされず、適度に砂糖を摂取することは身体にとって大切です。

含蜜糖にはどんな栄養があるの？

含蜜糖の栄養分の特徴のひとつは、上白糖やグラニュー糖などの精製糖と比較して、ミネラルを多く含むことです。さとうきびの搾り汁に含まれている栄養素がそのまま凝縮されている点が、現代の自然食・健康食ブームで注目されています。

一般に使われている精製糖（上白糖）と加工黒糖の栄養分を比較すると、ミネラル（無機質）、ビタミンの含有量の差が際立ち、ミネラルではカルシウム、リン、鉄、ナトリウム、カリウムなどが含まれます（→P 32「砂糖へのオマージュⅠ」）。

加工黒糖は上白糖、ハチミツと比較して多くの無機質（ミネラル）を含みます

食品名		加工黒糖	上白糖	ハチミツ
エネルギー		385kcal	384kcal	294kcal
		1610kj	1607kj	1230kj
水分		2.5g	0.8g	20.0g
たんぱく質		0.6g	0g	0.2g
脂質		0.1g	0g	0g
炭水化物	糖質	95.6g	99.2g	79.2g
	繊維	0g	0g	0g
	灰分	1.3g	0g	0.1g
無機質	カルシウム	77.6mg	1mg	2mg
	リン	8.2mg	Tr	4mg
	鉄	1.7mg	Tr	0.8mg
	ナトリウム	122mg	1mg	7mg
	カリウム	464mg	2mg	13mg

【表：加工黒糖の栄養成分と他の甘味料との比較】日本食品標準成分表2015年度版（七訂）

砂糖は身体や脳にもいい

脳のエネルギー源は通常、ブドウ糖だけといわれています。

砂糖（ショ糖）は小腸で分解、吸収されてエネルギーになります。ごはんや麺類などの炭水化物も体内でブドウ糖に変化しますが、砂糖はデンプンに比べて消化吸収が速いので、効率的にエネルギーを摂取することができます。

脳を使えば使うほどブドウ糖の消費量が大きくなり、とくに成長過程にある子供の脳は多くのブドウ糖を必要とするので、砂糖を効率よく摂ることができるお菓子やおやつは効果的な栄養補給といえるでしょう。

甘いものでリラックス

甘いものを食べると、リラックスした気持ちになれます。これは砂糖（甘味）によって脳の快感中枢が刺激され、脳内でエンドルフィンが分泌されるからです。エンドルフィンとは、気持ちをゆったりさせ、病気への抵抗力を高める働きをするホルモンの一種です。またセロトニンという神経の伝達に関わり、気持ちをリラックスさせる効果を持つ物質が分泌されます。セロトニンは脳内でアミノ酸の一種のトリプトファンから合成されますが、それにはブドウ糖が必要になります。つまり、トリプトファンを含むたんぱく質（肉、魚、卵、牛乳など）とブドウ糖を含む砂糖を摂ることが、ストレス解消につながるのです。脳内でセロトニンが不足すると、不安や緊張を感じてリラックスできないだけでなく、うつ病の原因になるともいわれています（→P66「砂糖へのオマージュⅡ」）。

5. 砂糖はこうやってつくられる

砂糖はさとうきびの搾り汁からつくられますが、種類によって製造工程が違います。例として5つの砂糖の製造工程をわかりやすくチャートで解説します。

砂糖の製造工程を知ると、その砂糖がどのような特徴を持つのかがわかりやすくなります。さとうきびからまず第1段階としてつくられるのが「原料糖」。この原料糖からつくられる砂糖は、大きく分けて「含蜜糖」と「精製糖」の２つの製造法に分かれますが、その大きな違いは糖の結晶を分離するか、分離しないかです。

以下に「原料糖」「含蜜糖」「精製糖」、他に含蜜糖のひとつとして「黒糖」、甜菜を原料としてつくる「甜菜糖」の製造工程を紹介します。

①原料糖の製造

まずさとうきびからすべての砂糖のもととなる「原料糖」をつくります

さとうきび	
搾汁	細かく切り砕いて汁を搾る
不純物除去	石灰を加えて加熱し、不純物を取りのぞく
結晶	上澄み液を煮詰め、真空状態で濃縮して結晶をつくる
分離	遠心分離機で結晶と糖蜜を分離
原料糖	のできあがり

②含蜜糖の製造

①の原料糖に糖蜜を混ぜ、自然結晶させてつくるのが含蜜糖です

原料糖	
溶解	原料糖を溶かす
ろ過	不純物をろ過する
混合（蜜）	糖蜜やさとうきびの搾り汁、黒糖などを加える （何を加えるかは含蜜糖の種類によって異なる） ※加工黒糖の場合はここで黒糖を加える
濃縮	煮詰めて濃縮する
晶出	撹拌しながら冷却し、水分を飛ばして自然結晶させ、乾燥して粉状にする 結晶を分離しないのが、精製糖との大きな違い
篩別	ふるいにかける
含蜜糖	のできあがり

③精製糖の製造

①の原料糖からつくり、結晶を分離させるのが精製糖です

原料糖	
溶解	原料糖を溶かす
精製	石灰を加えて炭酸ガスを吹き込み、不純物（ビタミンやミネラルなどの栄養素も含む）を取りのぞく。これで無色透明な糖液になる。イオン交換樹脂や活性炭などに通して不純物をろ過
結晶	真空状態で濃縮して結晶をつくる
分離	遠心分離機で結晶と糖液の混合物から結晶（＝精製糖）を分離
篩別	ふるいにかける
精製糖	のできあがり

④黒糖の製造

さとうきびの搾り汁を煮詰めて濃縮します

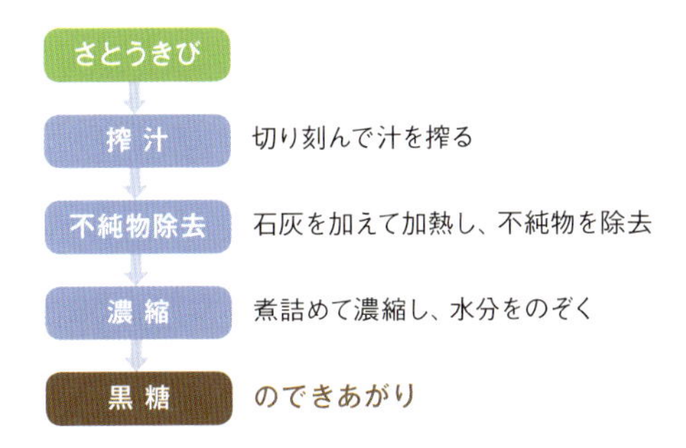

⑤甜菜糖の製造

甜菜（サトウダイコン）からつくられます

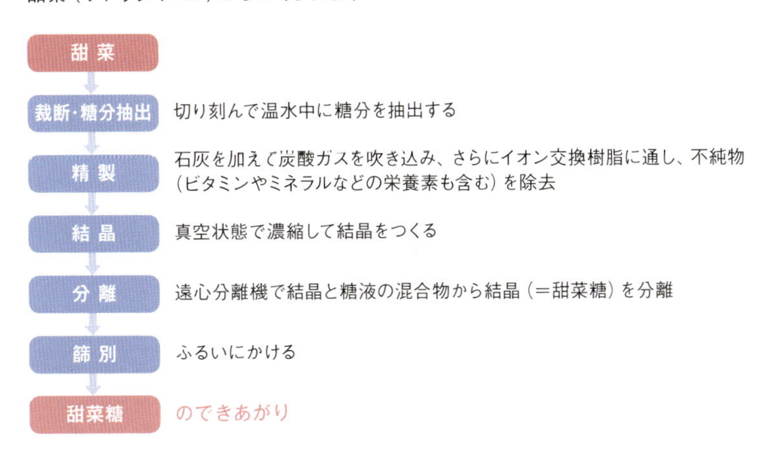

上記の各砂糖の製造法を要約し、それぞれがどのような原料からできているかをまとめると、下表のようになります。

製 品	原 料
原料糖	さとうきび
黒 糖	さとうきび
精製糖	原料糖
加工黒糖	原料糖 ＋ 糖 蜜 ＋ 黒 糖
赤 糖	原料糖 ＋ 糖 蜜

【表：砂糖製品と原料の関係】

6. 砂糖の甘味は奥が深い

ひと口に甘味といってもいろいろな種類があり、その甘味の生かし方によってお菓子のおいしさも変わります。砂糖と他の素材のマリアージュである新発想の「シュガーペアリング」も、ぜひパティシエにすすめたい砂糖の生かし方です。

甘味度と呈味時間

数ある甘味物質のなかでも、ショ糖はとくに甘さの質がよい（＝おいしい甘味）といわれています。

味の感じ方を時間別に分けると、口に入れた瞬間に感じられる「先味」、味の根幹部分の「中味」、食物の咀嚼後に感じられる余韻の「後味」があります。

これをもとに甘さの質を分類すると、フラクトースは先味にピークがあり、甘さのキレがよい糖質です。一方、ブドウ糖は後味が強いのが特徴。ショ糖はその中間となります。糖類は種類によって、甘味の強さ（甘味度）に違いがあり、また甘味を感じる時間の長さにも違いがあるのです。

グラニュー糖（ショ糖）のような精製糖と含蜜糖を比較しても、甘味度や甘さを感じる時間の長さには特徴的な違いがあります。精製糖（＝「グラニュー糖」）と、含蜜糖（＝「素焚糖」「赤糖」「加工黒糖」）の甘味度と甘さを感じる時間の違いをみてみると、全般に含蜜糖の甘味度はショ糖よりも低くなりますが、甘さを感じる時間が長くなる傾向があります。

下図のように、含蜜糖のなかでも種類により、ヒトが甘いと感じる感受性に特徴がみられますが、これは各含蜜糖に含まれるショ糖分以外の還元糖分やミネラルなどの成分含有量の違いが影響しているのではないかと考えられます。

含蜜糖はグラニュー糖と比べて甘味度が低く、呈味時間が長い

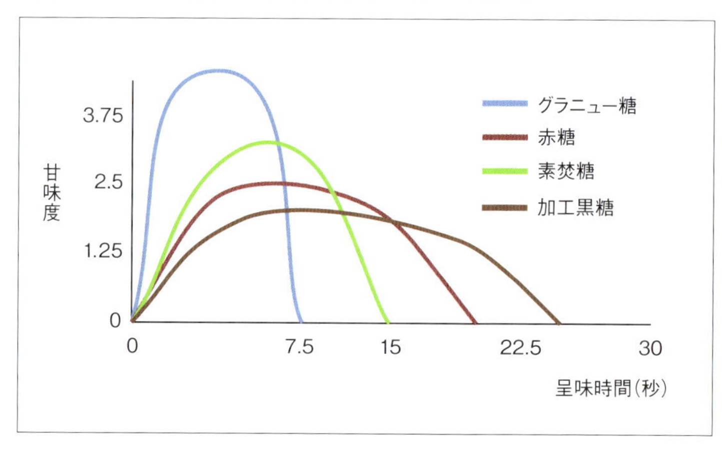

【図：砂糖の種類による甘味度と呈味時間の違い】

シュガーペアリングでもっとおいしく含蜜糖を楽しもう

シュガーペアリングとは、砂糖やそれに組み合わせる素材を科学的な味覚分析などを用いてセレクトし、経験から得るイメージ以上の組み合わせを発見することです。P7「味はどれくらい違うの？」も参考にして、下記のシュガーペアリングにぜひトライしてみてください。

※シュガーペアリングは大東製糖株式会社の登録商標。

砂糖名	相性のいい食材
加工黒糖	呈味要素が強く、後味も強いため、味の主張が強い。レーズンなどのポリフェノール感やリキュールとの相性がいい。
素焚糖	バランスのいい味わいなので、シュガーペアリングでも万能。ナッツ、きな粉などの渋味やコクとの相性はとくにいい。イモやカボチャなど素材のおいしさをそこなわずに甘さを補強する。
赤 糖	小豆などのポリフェノール感や、乳製品のミルク感との相性がいい。加工黒糖ほど後味が強くないので、さっぱりとした味わいになる。

column❷ ―― 日本での砂糖の歴史

日本に現存する砂糖に関する最古の記録は、奈良時代に光明天皇が記した「種々薬帳」(756年・天平勝宝8年)です。砂糖は遣唐使が中国(唐)から持ち込んだとの説が有力ですが、当時は食品ではなく薬として、また神に捧げる供物として使われていたようです。

日本で砂糖が食品としてはじめて登場するのは、14世紀中ごろの室町時代初期。「新札往来」「庭訓往来」など、庶民教育の教科書として執筆された「往来物」に、砂糖饅頭や砂糖羊羹の記述があります。砂糖の文化は次第に庶民に浸透し、17世紀ごろには年間3000～4000トンの砂糖が取引されていました。

国内での砂糖の生産は、1609年薩摩国大島郡(奄美大島)の直川智(すなおかわち)が黒砂糖の製造に成功したのが最初といわれています。その後、1623年に儀間真常が中国・福建に使者を送ってさとうきびの栽培法と製糖法を学ばせ、琉球で生産が開始されて奄美諸島に広がり、薩摩藩直轄の黒糖専売制が敷かれました。

江戸時代には、砂糖での味つけは一般的なものになり､19世紀後半には年間1万8000～3万トンの砂糖の供給があったとみられています。

1853年のペリー(黒船)来航をきっかけとした開国の波は、砂糖にも影響を与えました。1858年に五か国通商条約が制定されると、イギリス、オランダ、フランスが中国や南シナ海地域から安価な砂糖を大量に輸入しはじめ、国内の零細な製糖業は大打撃を受け、やがて衰退していきました。

このようななか、明治政府は1880年に北海道の紋別に官営の甜菜製糖工場を立ちあげました。1895年には東京・小名木川に鈴木藤三郎が日本精製糖(現在の大日本明治製糖)を設立し、日本に近代的な精糖工場が誕生しました。

column❸ ―― 世界と日本の砂糖経済

2015年度の全世界の砂糖生産量は約1.8億トンで、年々増加しつつあります。また、ほぼ同量が毎年消費されています。

砂糖の原料としては、8割がさとうきびから、2割が甜菜からつくられ、このふたつの原料以外からつくられるメープルシュガーなどは割合としては少量です。

さとうきびは熱帯性の植物なので赤道近くが栽培の中心地ですが、消費地が近いことも生産量に関係しています。さとうきびの生産量上位5ヵ国はブラジル、インド、タイ、中華人民共和国、パキスタンの順です(2015／2016年度)。

では、日本をみてみましょう。日本で生産される砂糖は、甘蔗糖(13万トン)、甜菜糖(55万トン)を合わせて約68万トンです。国内で消費される砂糖は約200万トンあり、130万トンを輸入していることになります。

日本の1人当たりの年間砂糖消費量は17.4kgで、先進国の中では一番少なく、世界平均より少ない消費量です。

各国1人当たりの年間砂糖消費量

国名	スイス	ブラジル	EU	米国	インド	日本	中国	世界平均
砂糖消費量(kg)	73.5	59.7	37.9	30.9	18.1	17.4	9.0	23.1

7. お菓子をおいしくする砂糖の機能

お菓子に砂糖が欠かせないのは、甘いからだけではありません。砂糖が持つさまざまな機能は製菓にとって大きなメリットがあるのです。

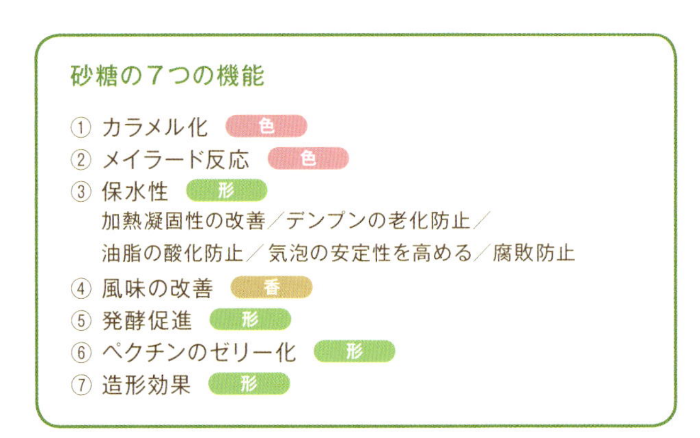

砂糖の7つの機能

① カラメル化 色
② メイラード反応 色
③ 保水性 形
加熱凝固性の改善／デンプンの老化防止／
油脂の酸化防止／気泡の安定性を高める／腐敗防止
④ 風味の改善 香
⑤ 発酵促進 形
⑥ ペクチンのゼリー化 形
⑦ 造形効果 形

①カラメル化（褐変反応） 色

砂糖を加熱すると「カラメル化」が起こり、色調が茶褐色に変化し、それとともに芳ばしい香りを生じます。さらに加熱を続けると、強い苦味を感じるようになり、やがて炭になります。

カラメルでは砂糖が加熱されることにより糖の分子同士や分子内で化学反応が起き、加水分解（ショ糖に水が付加してブドウ糖と果糖に分解）や、脱水縮合（2つの-OH同士が反応・結合してH_2Oが発生）、脱炭素（CO_2が発生）などが起こり、いろいろな物質（着色成分や揮発成分）が生じます。

②メイラード反応 色

ケーキやパンのおいしそうな焼き色と香りには、糖とアミノ酸との化学反応が関係しています。アミノ酸はたんぱく質を構成する物質で、たんぱく質を含む食品であれば、ごく一般的に含まれ、およそ20種類あります。

砂糖（還元糖）をアミノ酸と一緒に加熱すると、アミノ酸のアミノ基（$=NH_2$）と、還元糖のケトン基（=O）もしくはアルデヒド基（=CHO）が結合してアミノカルボニル反応、いわゆるメイラード反応が起こります。

メイラード反応によって生じる物質には、多くのヒトに好まれる色素（茶褐色の焼き色）や、香ばしいにおいをもつ物質が多いので、食品の調理はメイラード反応を起こすために加熱しているといっても過言ではありません。ちなみにホットケーキミックスには、ブドウ糖や粉末水あめ（麦芽糖）が砂糖とともに配合されていることが多いですが、これはよりメイラード反応を起こしやすくし、きれいな焼き色をつけやすくするためです。

③保水性 形

糖の分子構造をみると、分子の外側に多くの水酸基（=OH）があるので、水との相性がとてもよい物質であるといえます。その反面、油やアルコールには溶けにくい性質があります。

糖の「親水性」が高いのは、水分子と糖の分子の両方にある酸素がマイナスの電気を、水素がプラスの電気を帯びていて、それぞれが電気的に結びつく（水素結合する）からです。水と糖が電気的に結びつくことにより、水は糖に捕まえられて動きづらくなります。

含蜜糖はグラニュー糖と比べて保水性が高い
（加工黒糖は5倍）

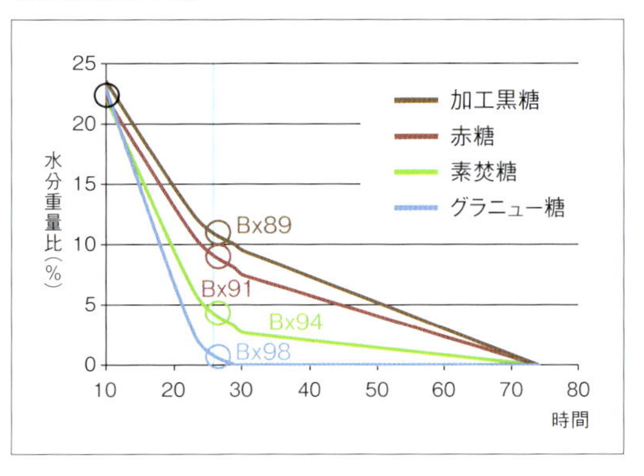

【図：砂糖の種類による水分重量の経時変化】

このように水を動きづらくする性質は、「保水性」と呼ばれます。
糖の保水性は、水と糖の化学的な構造から生じています。また、糖の種類により、保水性の強さには違いがみられることがわかってきました。
一般的に、含蜜糖は精製糖より保水性が高いといわれています。実際に砂糖を使用する条件や食品により保水性の程度は異なりますが、ショ糖(グラニュー糖)に比べ、素焚糖は約2倍、赤糖で約4倍、加工黒糖で約5倍の保水力があるということがわかっています(大東製糖調べ)。
砂糖の保水性が高い機能は、さまざまな食品で応用されています。保水性に基づいた代表的な機能を5例紹介しましょう。

●加熱凝固性の改善(たんぱく質をやわらかくする)

たんぱく質はおよそ20種類のアミノ酸による複雑な立体構造をしています。また、たんぱく質の表面に水分子が取り囲むように存在することにより、たんぱく質の立体構造を守っています。
たんぱく質を加熱すると、立体構造が崩れ、たんぱく質のまわりにあった水分を押しのけながら収縮します。たんぱく質は一度縮むと、冷めても元にもどることはありません。この現象は「たんぱく質の加熱凝固」と呼ばれ、肉を焼くと縮むのが一例です。焼き肉やすき焼きの下ごしらえで、肉に砂糖をもみ込んでから焼くと、肉がやわらかく仕上がります。肉の組織をつくっているたんぱく質の間の水分に砂糖が溶け込み、たんぱく質の繊維の間にある水分を保持してくれるのです。この作用により、砂糖を使わない時よりも肉に水分が多く残るので、やわらかく焼きあがります。
また、卵焼きをつくる時には、砂糖を加えるとふわっとします。プリンをつくる時にも砂糖の力でやわらかくなめらかに仕上げることができます。

砂糖を入れないプリンと40%入れたプリンではやわらかさに5倍の違いがでます
(砂糖を入れたほうがやわらかくなります)

卵:牛乳(1:2)	砂 糖	硬 度
100%	0%	27.5
90%	10%	23.0
80%	20%	14.9
70%	30%	8.1
60%	40%	5.2

【表:カスタードプリンにおける砂糖の使用量と硬度の関係】
(参考文献)高田明和 他:砂糖百科, p.315, 社団法人糖業協会 他, 2003.

砂糖の種類によるたんぱく質の凝固性の改善度合いを比較すると、含蜜糖のほうが改善効果が高いことがわかりました。砂糖使用量を15%とし、ショ糖(グラニュー糖)と含蜜糖(素焚糖、赤糖、加工黒糖)を使用してプリンをつくり、硬さを比較したところ、素焚糖で1.4倍、赤糖で1.3倍、加工黒糖で1.1倍やわらかくなりました。

素焚糖を使用した場合、グラニュー糖に比べてプリンが1.4倍やわらかくなります

砂糖濃度	種類				
	使用無	グラニュー糖	素焚糖	赤糖	加工黒糖
0%	3.8	—	—	—	—
15%	—	31.6	44.7	40.0	35.0

【表:砂糖の種類によるプリンのやわらかさ(歪み率)の違い/大東製糖】
表の数値は歪み率。型に入った状態の試料の高さ(a)と、型からだして2分後の高さ(b)を測定し、その比率(b/a×100)を歪み率とした。
(参考資料)千葉大学教育学部研究紀要 第53巻 381～387頁(2005) 各種甘味料のカスタードプディングにおける使用料と卵濃度の検討 石井克枝 岩田亜貴子

●デンプンの老化防止

米や餅の主成分であるデンプン(アミロース、アミロペクチン)は、水分とともに加熱すると、やわらかく糊状に変化し、消化吸収がよくなります。一方で、一度加熱したデンプンが冷えると、ボソボソした食感になって、あまりおいしくありません。こうしたデンプンの性質は、「老化」と呼ばれます。

デンプンは、ブドウ糖の鎖（アミロースやアミロペクチン）が規則正しく並んで結晶になっていますが、水分が多量にある状態で加熱するとデンプンの結晶が水分を含んで膨らみます（膨化）。膨らんだあとで温度が下がると、今度はデンプンの鎖のまわりの水分が追いだされて、元とは異なる構造でデンプンが結晶状態にもどり、食感が変化してしまうのです。

デンプンに砂糖を加えてつくる大福もち（求肥）では、砂糖が膨化したデンプンのなかで水分をしっかりと保持し、デンプンがふたたび結晶状になるのを防いでくれます。砂糖の力で、餅のやわらかな食感が保たれるのです。

●油脂の酸化防止

油脂（脂肪）は脂肪酸とグリセリンからできています。脂肪酸には酸化しやすいもの（不飽和脂肪酸）と、酸化しにくいもの（飽和脂肪酸）の２種類があり、油脂の酸化はおもに不飽和脂肪酸に酸素が結合することにより生じます。油脂が酸化すると、不快な臭気が発生して風味が劣化し、商品価値が低下するだけでなく、最悪の状態では毒性を示すようになるので、油脂の酸化には注意が必要です。

食品には多かれ少なかれ水分が含まれていて、砂糖を含む食品では、砂糖が水分に溶け込んだ状態になります。砂糖が溶け込んだ水分には、酸素が溶け込みにくくなります。さらに砂糖が食品中の水分を保持してバリアとなり、油脂（脂肪酸）に酸素が触れにくくなるので、油脂（食品）の酸化を防止することができます。

●気泡の安定性を高める

メレンゲをつくる時に砂糖を加えると、丈夫で長持ちする泡ができます。メレンゲの材料である卵白には、約10%のたんぱく質が含まれていますが、その他はほとんど水分です。

きめ細かい泡が立ち、泡が長持ちするのは、卵白のたんぱく質が持つ２つの性質が関わっています。ひとつは、水の表面張力を抑える働きです。水は表面張力が大きいので、激しくかき混ぜてもすぐに気泡が追いだされてしまい、泡は残りません。ですが、表面張力を下げる働きをする物質を加えてかき混ぜると、泡ができます。ふたつめの性質は卵白のたんぱく質が空気で変性する（構造が変化して硬くなる）ことですが、これにより泡が長持ちするのです。

卵白に砂糖を加えると、メレンゲが泡立ちよく、安定に保たれるということがよく知られています。これは砂糖の保水力がたんぱく質のまわりにある水分の動きを抑え、より長時間メレンゲの泡を保つことができるからです。その一方で、砂糖には起泡性や空気変性を抑える働きもあるので、メレンゲを泡立てる前に、はじめから大量の砂糖を入れてしまうと、かえって泡立ちにくくなります。

なお、保水性の高い含蜜糖でメレンゲをつくると、泡立ちが悪いことがあります。これは砂糖に含まれている水分量の差が一因といえます。この場合、含蜜糖を40～50℃で２～３時間乾燥させて水分含量を０.1%近くまで下げると、泡立ちが改善されます（大東製糖調べ）。

● 腐敗防止

砂糖は常温で保管しても腐敗する可能性が極めて少なく、一般に市販されている加工食品の表示内容を規定している「品質表示基準」でも賞味期限（消費期限）の表示の省略が認められています。

同様に、食品に砂糖を十分に配合することにより、腐敗を防止することができます。

食品の腐敗は、バクテリアやカビなど、微生物の増殖がおもな原因です。微生物が増殖すると、悪臭が発生して風味が悪くなったり、たんぱく質やデンプンを分解して食感が変化したりするなど、食品としてふさわしくなくなります。最悪の状況では、病原性の微生物が毒素を発生させることもあります。

食品中の水分は、食品成分としっかりと結びついた「結合水」と、結びつきが弱い「自由水」に分けることができます。このうち、微生物が増殖する時に利用できるのは、自由水だけです。砂糖は保水力が強いので、高糖度になるほど結合水が増え、一方で微生物の増殖に必要な水分（自由水）は減少していきます。自由水の量は「水分活性」という指標で簡単に測定することができます。水分活性を測定したい食品を容器に密閉し、容器空間での相対湿度（%）を100で割った値が「水分活性」です。水分活性が０.９以下になると細菌類（バクテリア）が増殖できなくなり、０.８以下でカビや酵母（真菌類）が、０.６以下では好浸透圧性の微生物を含めたすべての微生物が増殖できないといわれています。

砂糖の水分活性を測定すると、たいていは０.７～０.６以下を示しており、カビなどの微生物が繁殖しにくいことが裏づけられます。十分な砂糖を配合したジャムや羊羹は、水分が含まれていても水分活性は低く抑えられているので、食品添加物の防腐剤などを使わなくても、日持ちが向上するのです。

④風味の改善（コク味の付与・マスキング効果・風味の向上） 香

人の味覚には、基本味として甘味、塩味、酸味、苦味、旨味があり、それぞれの味覚物質を適切なバランスで味わった際に、人は「おいしい」と感じることができます。また、微量でも複数の味覚物質を同時に味わった時には、「コクがある」と認識されます。

含蜜糖の風味改善という点では、含蜜糖には酢酸などの酸味物質、ナトリウム、カルシウムなどの塩味物質(エグミ物質)、アミノ酸などの旨味物質、さらにはポリフェノールなどの苦味物質といった、実にさまざまな味覚物質が微量ながら含まれています。そのため甘味以外の微量な味覚物質も同時に加えられるので、お菓子や料理に手軽にコクをつけることができます。

また、含蜜糖の独特な風味は、多種の揮発性物質(香気成分)が関係しており、たとえば生ぐささなどをおおい隠してくれる効果があります。これは「マスキング効果」と呼ばれます。

⑤発酵促進 形

砂糖はおいしいパンづくりに欠かせない材料のひとつで、パン生地をふっくらと焼きあげるためには砂糖が活躍しています。酵母(イースト)はショ糖やブドウ糖などの糖質をエサとして発酵しますが、パン生地の大部分を占める小麦粉には酵母がすぐにエサとして食べられる糖質が少ないので、砂糖を使っていない生地を十分に膨らませるには時間と手間がかかります。酵母のエサとなる砂糖を生地に加えれば、酵母の働きが活発になり、短時間でパンをふっくらとさせる炭酸ガスが得られます。

しかしながら、砂糖を入れすぎても、発酵はかえって妨げられてしまいます。具体的には10%以下の糖分までは、市販されている普通のパン酵母(ドライイースト)でも発酵を促進しますが、糖分が10%を超えるあたりから発酵阻害が起き、パンの膨らみが悪くなります。そのため生地中の糖分7~25%では菓子パン用イースト(耐糖性パン酵母)を、30%以上の時には高糖用のイーストが使われます。

column❹ —— パンには含蜜糖はこう生かす

砂糖にはパンなどイースト生地の発酵を促す効果があるのは、上記の通り。では、含蜜糖を使うとどうなるのでしょうか。含蜜糖の甘味は上白糖の8割程度なので、甘味は弱くなりますが、それだけに小麦粉や菓子パン、そうざいパンのフィリングのテイストをひき立たせてくれます。また、含蜜糖は水分保有が多いため、焼成後の生地の保湿に効果があり、朝焼いたパンを夕方まで陳列しても表面が乾燥しにくくなります。手持ちのレシピで上白糖を使っている場合は、含蜜糖を使う際にはまず同割で置き換えることからスタートし、あとは微調整をすればいいでしょう。加工黒糖はやはり味わいが強めになりますが、素焚糖は上白糖とほぼ同じ感覚で使うことができます。
協力/カーラアウレリア大丸東京店 藤枝敏郎マネジャー

⑥ペクチンのゼリー化 形

ジャムは、果物などに含まれている水溶性食物繊維の一種であるペクチンが、砂糖の働きにより網目のように結合したもの(ゼリー)です。ペクチンをゼリー化させるためには、適量の酸(クエン酸など)と60~65%の糖度が必要となりますので、生の果物だけでジャムをつくるためには、たくさん砂糖を加える必要があります。一方、糖分を控えた低糖度のジャムをつくりたい時には、カルシウム分で固まる性質がある特別なペクチンを配合する必要があります。

⑦造形効果 形

少量の水に砂糖を加えて煮詰めると、温度の上昇によってサラサラのシロップからドロドロに、やがてはパリパリのキャンディ状になるなど、砂糖にはさまざまな形態に変化する性質があります。また、小麦粉の生地に練りこむ砂糖の量を変化させると、生地の硬さや粘度を調節できます。このように調理や食品加工の際に砂糖を加えることにより食品の物性を変化させる現象は、「砂糖の造形効果」と呼ばれます。

参考文献
農林水産省 http://www.maff.go.jp/j/fs/diet/nutrition
公益財団法人 母子健康協会 http://www.glico.co.jp
砂糖を科学する会「砂糖は脳の上質エネルギー」 http://www.sugar.or.jp
独立行政法人 農畜産業振興機構 http://sugar.alic.go.jp

店舗index 店名五十音順で掲載。

和菓子の素材という先入観を取り払ってどんどん使いたい

横田秀夫 [菓子工房オークウッド]

▶ P35、59、65、75、82

さまざまな砂糖を使い分けていますが、含蜜糖は身近にありながら、これまであまり使っていませんでした。和スイーツの素材というイメージが強いからかもしれません。ところが含蜜糖の甘味は洋菓子にもよく合います。とくに素焚糖はどんな素材にも合う万能の砂糖です。

菓子工房オークウッド　埼玉県春日部市八丁目966-51　☎048-760-0357
http://oakwood.co.jp

含蜜糖は奥行きのある味わいで、とても興味深い素材です

中野慎太郎 [シンフラ]

▶ P22、27、41、53、77、78、79

もともとレストランでパティシエをしていたので、多くのパーツを積み重ねて一皿のデザートを構築するようにお菓子を組み立てます。それらのパーツで複数の含蜜糖を重ね合わせたり、それぞれを別々に浮き立たせたりすると、甘さに複雑味と奥行き、印象的な余韻が生まれます。

シンフラ　埼玉県志木市幸町3-4-50　☎048-485-9841
http://www.shinfula.com

含蜜糖は糖のなかでも大きなエネルギーを持っています

荒木浩一郎 [スイーツワンダーランド アラキ]

▶ P29、31、50、58、61、63

食べると身体が整うような、しかも、おいしいお菓子をつくりたいと思っています。そのためにはミネラル分が多い含蜜糖は、食品として大きなエネルギーを持っている素材です。すべての食材をミネラルなどの栄養分を考えながら選ぶようにしていますが、含蜜糖も大切にしたいです。

スイーツワンダーランド アラキ　東京都板橋区蓮根2-29-6 蓮根ビル1F　☎03-6454-9401
http://www.happy-lucky-sweets.jp

含蜜糖ならではのやさしい甘味が好きです

西園誠一郎 [Seiichiro, NISHIZONO]

▶ P25、36、40、46、55、70

数年前から黒糖を使ったプティガトーや焼き菓子をつくっていますが、"黒糖"という文字はお客さまに「おいしそう」「健康そう」という好印象を与えます。味が濃厚そうなイメージですが、実は滋味に富み、甘味に丸みがありおだやかで、お菓子がやさしい印象になります。

Seiichiro, NISHIZONO　大阪府大阪市西区京町堀1-12-25　☎06-6136-7771
http://www.seiichiro-nishizono.com

含蜜糖のおいしさに慣れると、白砂糖のお菓子が物足りない

指籏 誠 [ノイン・シュプラーデン]

▶ P9、10、11、12、13、14、45

食べた時に「あ、含蜜糖使ってるな」とは気づかないような使い方でも、含蜜糖のお菓子を食べ慣れると、白い砂糖でつくったお菓子では味の厚みが足りないような、物足りなさを感じるようになります。とても上品なのに、味わいはしみじみと奥深い。それが含蜜糖の魅力です。

ノイン・シュプラーデン 神奈川県横浜市青葉区柿の木台13-3 ファミールもえぎ野101 ☎045－972-6439
http://www.9-schubladen.com

コンフィズリーにも、焼き菓子にも合います

井上佳哉 [ピュイサンス]

▶ P47、71、72

含蜜糖は単体で食べると味のインパクトが強いですが、生地に混ぜたり、焼成したりすると、思いのほか風味がやわらぎます。それでもフランス菓子のパティスリーとしては、加工黒糖や黒蜜は使いすぎれば和のイメージになりかねない素材なので、配合のバランス加減が大切です。

ピュイサンス 神奈川県横浜市青葉区みたけ台31-29 ☎045-971-3770
http://www.puissance.jp

含蜜糖はやわらかくて、とてもいい風味です

菅又亮輔 [Ryoura]

▶ P17、21、30、37、49、57、69

含蜜糖の味はすばらしいです。クリアすべきは、これまで使い慣れている白い砂糖との物性の違い。たとえば水分を多く含んでいるので、生地ものは焼きを強めにして水分を飛ばし、焼成後のもどりを防ぐなど、経験を積みながら含蜜糖の扱いに慣れていく必要があると感じています。

Ryoura 東京都世田谷区用賀4-29-5 グリーンヒルズ用賀ST1F ☎03-6447-9406
http://www.ryoura.com

含蜜糖だけを食べてもおいしいから、ストレートな使い方を

菊地賢一 [レザネフォール]

▶ P18、19、51、54、69

含蜜糖のうまみやコク、丸さのある甘味をストレートに味わってほしいです。プティガトーなどの一パーツにするのもいいですが、仕上げにたっぷりとまぶしたりして、シンプルな使い方ですが、ダイレクトに含蜜糖を感じる使い方をしたいと思いました。

レザネフォール 東京都渋谷区恵比寿西1-21-3 ☎03-6455-0141
http://lesanneesfolles.jp

企画協力
大東製糖株式会社
千葉県千葉市美浜区新港44
TEL ／043-302-3108
http://daitoseito.co.jp

1952年設立の精製糖と含蜜糖の両方を生産する数少ない製糖会社。含蜜糖においてはトップメーカーで、看板商品「素焚糖」は広く認知されている。砂糖の可能性を広げることをビジョンに掲げ、新たな砂糖及び用途の開発に取り組んでいる。

含蜜糖で味わい深く
個性派シュガーのお菓子

初版印刷　2016年8月30日
初版発行　2016年9月10日

編者©　柴田書店
発行者　土肥大介
発行所　株式会社 柴田書店
〒113-8477 東京都文京区湯島3-26-9 イヤサカビル
営業部　03-5816-8282（注文・問合せ）
書籍編集部　03-5816-8260
URL　http://www.shibatashoten.co.jp
印刷・製本　シナノ書籍印刷 株式会社

ISBN 978-4-388-06244-7